Bürokommunikation FRANZÖSISCH

Mehr als 800 Mustertexte und Textbausteine zum Nachschlagen und Üben für jeden geschäftlichen Anlass sowie Telefondialoge online zum Herunterladen

von Claude Pruvot-Büttner

Neubearbeitung von
Elisabeth Froget-Seeger
Véronique Massé du Bois
Magali Préau

PONS
Bürokommunikation
FRANZÖSISCH

von Claude Pruvot-Büttner

Neubearbeitung von Elisabeth Froget-Seeger, Véronique Massé du Bois und Magali Préau

5. Auflage 2024

Logoentwurf: Erwin Poell, Heidelberg
Logoüberarbeitung: Sabine Redlin, Ludwigsburg
Titelfoto: Shutterstock/Stuart Fuidge (Tastatur); Shutterstock/g-stockstudio (Frau); Thinkstock/Orthorex (Schreibblock)
Layout: Petra Michel, Essen; PONS Langenscheidt GmbH, Stuttgart
Satz: Design Depot ltd.
Druck und Bindung: Multiprint Ltd., Kostinbrod

ISBN: 978-3-12-562911-0

So benutzen Sie dieses Buch

Lernen Sie mit diesem Buch alle wichtigen Formen des Schriftverkehrs im Französischen.

Lesen Sie zuerst das Einführungskapitel **Allgemeines**. Dort sind alle generellen Regeln zusammengefasst.

Prinzipiell sind alle weiteren Kapitel folgendermaßen unterteilt:
Zuerst vervollständigen Sie einen **Lückentext**. Im Anhang des Buches finden Sie den kompletten **Text als Lösung**, der Ihnen auch als **Muster** für Ihre Korrespondenz dienen kann.

Am unteren rechten Rand aller Musterschreiben können Sie an einer Punkteskala den Grad der Förmlichkeit ablesen, der von **formell** bis **informell** reicht.

Die **Textbausteine** bieten Ihnen eine reiche Auswahl an Formulierungen, die in bestimmten Situationen üblich sind.

In den **Anmerkungen** werden Sie auf besondere sprachliche Formen hingewiesen.

Schließlich können Sie im Abschnitt „**Sie sind dran!**" das neu Erlernte ausprobieren. Setzen Sie anhand verschiedener Übungen selbst geschäftliche Schreiben auf. Auch für diese Schreiben finden Sie im Anhang **Lösungen** bzw. **Lösungsvorschläge**.

Lerntipps geben Hinweise, worauf Sie achten können, um effizienter zu lernen.

Das Kapitel **Telefonieren** ⤓ macht Sie außerdem fit in der mündlichen Geschäftskommunikation. Alle Dialoge und Textbausteine sind vertont (MP3-Dateien). Sie können sie **online** unter

www.pons.de/buerokommunikation-franzoesisch

anhören oder sich herunterladen. Und der **kleine Spickzettel für Telefongespräche** auf Seite 208 im Buch wird Ihnen beim Telefonieren rasch auf die Sprünge helfen, damit Sie nicht plötzlich sprachlos sind.

Benutzen Sie dieses Buch jederzeit auch als **Nachschlagewerk**:
Die kompletten Musterschreiben im Anhang sowie die zahlreichen Textbausteine können als Vorlage dienen, wenn Sie zu einem bestimmten Themenbereich einen Brief oder eine E-Mail schreiben wollen.

Noch mehr Musterschreiben finden Sie übrigens **online** unter derselben Internetadresse wie die Telefondialoge.

Die **nützlichen Wendungen** ab Seite 173 bieten Ihnen einen Abriss der geläufigsten Wendungen in der französischen Geschäftskorrespondenz.
In den beiden **Wortlisten** ab Seite 184 schließlich finden Sie in diesem Buch verwendete Begriffe, die man vielleicht nicht immer parat hat - in deutscher und französischer Sprache.

Und nun: viel Erfolg beim Schreiben und Telefonieren auf Französisch!

Inhaltsverzeichnis

ANHANG - *ANNEXES*

Allgemeines

Die geschäftliche Korrespondenz hat sich in den letzten fünfzehn Jahren stark verändert. In den meisten beruflichen Situationen hat die **E-Mail** den Brief in der schriftlichen Kommunikation abgelöst. Die E-Mail ist heute das bevorzugte Schriftmedium im Berufsalltag.

Dennoch bleibt der **Brief** mit Originalunterschrift auf möglichst hochwertigem und schön gestaltetem Briefpapier das Aushängeschild eines Unternehmens und ist daher immer noch die erste Wahl für alle wichtige und offizielle Korrespondenz.

Unabhängig davon, ob eine Mail oder ein Brief geschrieben wird, hinterlässt ein Schreiben beim Empfänger einen **Eindruck** über denjenigen, der die Zeilen verfasst hat. Die Anrede, die Gliederung des Textes, die Wortwahl, der Schreibstil, die Grußformel und nicht zuletzt die Korrektheit bei Rechtschreibung und Grammatik entscheiden beim Empfänger darüber, ob sein Gesamtbild positiv oder negativ ausfällt.

Neben E-Mail und Brief werden zunehmend auch so genannte Instant-Messaging-Dienste wie die **SMS** und der **WhatsApp-Messenger** im Berufsalltag benutzt (▶ siehe Seite 19). Sie dienen in der Berufswelt hauptsächlich der unternehmensinternen Kommunikation und kommen besonders dann zum Einsatz, wenn man unterwegs ist, um kurze, dringende Informationen auszutauschen, z. B. Termine abzusprechen, einen Anruf oder seine Rückkehr anzukündigen oder eine schnelle Entscheidung mitzuteilen.

I. Der Brief - la lettre

Musterbrief

30 rue Grimaldi • 59840 Lille • France
Tél. : 03.27.78.92.03 • Fax : 03.27.87.20.30
www.lesfibres.fr

Madame Annick Poisson
Boutique Dorée
35 avenue Victor Hugo
59360 Le Cateau

V / Réf. :
N / Réf. :
Objet : Nouvelle collection
P.J. : Catalogue

Lille, le 4 mai 20...

Madame,

J'ai le plaisir de vous adresser les catalogues présentant l'ensemble de nos tissus et papiers peints 20..., dans lesquels vous découvrirez de nombreuses nouveautés.

Je me permets d'attirer votre attention sur notre offre exceptionnelle : 10 % de réduction sur les commandes passées avant le 30 mai.

En vous remerciant de votre confiance et de votre fidélité, je vous prie de croire, Madame, à l'expression de mes sentiments dévoués.

D. Maunet

Daniel Maunet
Service des Ventes

Groupe Fibres S.A. au capital de 386.500 € • Siège social: 6, avenue Hoche 75411 Paris • RC Paris B255 017 178 • Siret 442 018 221 0047 • C.C.P. Paris 1343-39

Briefkopf und Anschrift

Der Briefkopf enthält den Namen bzw. den Firmennamen des Absenders sowie das Firmenzeichen **(le logo)** und sehr oft dessen Adresse, Telefon- und Faxnummer und E-Mail-Adresse.

Die folgenden Angaben können entweder Teil des Briefkopfes sein oder unten auf dem Briefblatt stehen: Rechtsform des Unternehmens, Höhe des Gesellschaftskapitals, Firmensitz und gegebenenfalls Anschrift der Zweigniederlassung, Postfach, Telefonnummer, (eventuell noch Telefaxnummer - mit **fax** oder **télécopie** gekennzeichnet), E-Mail-Adresse, Bankverbindung sowie die Handelsregistereintragung (vgl. im Anhang „Geläufige Abkürzungen").

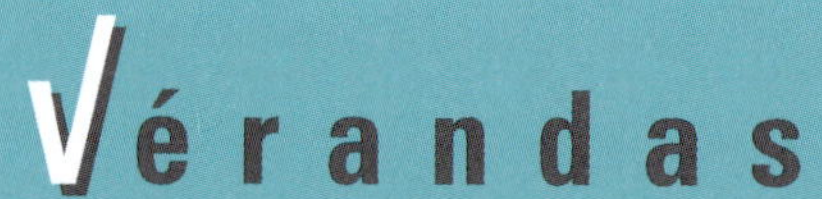

3 rue du Maréchal Foch √ 03200 Vichy
Tél.: 04 30 28 25 42 √ Fax: 04 30 82 52 24
info@verandas.fr √ www.verandas.fr

C.C.P. : Clermont-Fd no. 1512-14 R.C.S. : Clermont-Fd 420 672 408

Wenn das Schreiben keinen Briefkopf hat, erscheint die Absenderadresse oben links.
Die Adresse des Empfängers steht rechts, etwas tiefer positioniert, ebenso Ort und Datum.

PHOTOCOP
27 rue de Sandillon
45590 Saint-Cyr-En-Val

Madame Pavot
8 rue du Moulin
59360 Le Cateau Cedex

Saint-Cyr-en-Val, le 1er juin 20...

Anrede in der Anschrift

- Wenn Sie den Namen des Adressaten nicht kennen, schreiben Sie seine Funktion in der Firma oder die Abteilung, z. B.:
  Monsieur le Directeur du Crédit Lyonnais
- Wenn Sie den Namen der Person kennen, schreiben Sie:
  Monsieur Eric Petit
  Directeur du Crédit Lyonnais
- Wenn Sie einen Brief an eine Firma senden, der einer bestimmten Person zugeleitet werden soll, z. B. leitenden Angestellten wie Personalchefs, fügen Sie
  A l'attention de - *z. H.* nach dem Firmennamen hinzu.
- **Cedex (= courrier d'entreprise à distribution exceptionelle)** bedeutet, dass die Post der Firma gesondert zugestellt wird.
- Im Allgemeinen werden **allée**, **avenue**, **boulevard**, **place**, **route**, **rue** kleingeschrieben und können (ausgenommen **rue**) abgekürzt werden:
  all., **av.**, **bd**, **pl.**, **rte.**
- In Frankreich und Luxemburg steht die Hausnummer vor dem Straßennamen, in der Schweiz und in Belgien ist es umgekehrt.

Frankreich und Luxemburg:	7 bis rue de Varenne
Schweiz und Belgien:	Place Füssli 30 Rue Notre Dame 3

Datum

Das Datum wird mit **le** eingeführt. Nur für den Monatsersten wird klein- und die Ordinalzahl **1**er (= premier) benutzt, ansonsten die Kardinalzahlen (2, 3, 4 ...). Der Monat wird ausgeschrieben: **le 12 mai 20...**
Hinter dem Ortsnamen steht immer ein Komma: **Paris, le 28 février 20...**

Die Anrede am Briefanfang und die Schlussformel

Die Anrede

Unabhängig davon, ob Sie einen Brief oder eine E-Mail schreiben, gelten die folgenden Anredeformen:

- **Formelle Beziehungen**

  Beachten Sie,
  - dass die Anrede nicht abgekürzt werden darf;
  - dass der Name in der Anrede nicht erwähnt wird;
  - dass nach der Anrede immer ein Komma steht.

  Bei formellen und geschäftlichen Beziehungen lautet die Standardanrede, wenn Sie weder Namen noch Geschlecht kennen:
  Madame, Monsieur,
  Messieurs,
  Mesdames, Messieurs,

  Wenn Sie einer Person schreiben, die Sie persönlich kennen oder mit der Sie oft zu tun haben:
  Madame,
  Monsieur,
  Chère Madame,
  Cher Monsieur,

  Wenn Sie von einer Person Titel oder Berufsbezeichnungen kennen:
  Madame la Présidente,
  Monsieur le Président,
  Madame la Directrice,
  Monsieur le Directeur,
  Maître (bei einem / einer Rechtsanwalt / -anwältin oder bei einem / einer Notar / Notarin)
  Docteur (bei einem Arzt / einer Ärztin)
  Monsieur le Directeur des Ressources Humaines (bei einem Personalleiter)

  Wenn Sie einer Kundin oder einem Kunden schreiben:
  Madame et Chère Cliente,
  Chère Cliente,
  Monsieur et Cher Client,
  Cher Client,

- **Informelle Beziehungen**

  Wenn Sie eine oder mehrere Personen gut bzw. sehr gut kennen:
  Chère collègue, Cher collègue,
  Chères collègues, Chers collègues,
  Chers amis,
  Chère Elisabeth,

- **Persönliche Beziehungen**

  Wenn Sie einem guten Bekannten oder Freunden schreiben:
  Mon cher Louis,
  Ma chère Caroline,
  Bien chers tous,

Die Schlussformel im Brief

In der Grußformel muss die Anrede (zwischen zwei Kommas) wiederholt werden, z. B.:
Nous vous prions d'agréer, Messieurs, nos sentiments respectueux et dévoués.

Im Vergleich zu der deutschen Grußformel *„Mit freundlichen Grüßen"* erscheinen die verschiedenen französischen Grußformeln in Briefen ziemlich „schwülstig". Doch eine zu kurze oder unkorrekte Grußformel kann unhöflich wirken und einen schlechten Eindruck hinterlassen. Die Grußformel hängt von der Beziehung zwischen Absender und Empfänger (z. B. Angestellter an Direktor oder Direktor an Angestellten), der Art des Briefes (z. B. Dankschreiben) und dessen Ton (z. B. formell) ab. Hier finden Sie einige Beispiele:

- **Sehr respektvoll**

  Je vous prie d'agréer, ..., l'assurance de ma respectueuse considération.
  Nous vous prions de croire, ..., à l'expression de nos sentiments respectueux / les plus dévoués.
  Veuillez accepter / Je vous prie d'agréer, Madame, l'expression de mes respectueux hommages. *(nur von einem Mann an eine Frau)*

- **Formell bis freundlich**

  Nous vous prions de croire, ..., à l'assurance de nos sentiments distingués.
  Nous vous prions d'agréer, ..., l'expression de nos sentiments distingués. *(eine Frau sollte vermeiden, einem Mann „sentiments" zu schreiben!)*
  Nous vous prions d'agréer / de recevoir, ..., nos salutations distinguées.
  Veuillez agréer, ..., nos salutations distinguées.
  (Diese beiden letzten Grußformeln werden am häufigsten benutzt.)
  Agréez, ..., nos salutations distinguées. *(Diese Grußformel ist wegen des Imperativs ziemlich trocken!)*

- **An Kunden**

  Nous vous prions de croire, ..., à l'assurance de nos sentiments dévoués.
  Veuillez agréer, ..., l'expression de mon sincère dévouement.

- **Sehr freundlich und für kurze Briefe**

  Sincères salutations.
  Veuillez croire en / à nos meilleurs sentiments.
  Salutations distinguées.
  Amicalement vôtre.
  Bien cordialement.
  Bien / Très sincèrement.

- **Weniger formell, privat**

  Soyez assuré/e de ma sincère amitié.
  Sincèrement à toi.
  (Avec) Toutes mes amitiés.
  Amicalement.
  Bien à vous.
  Avec mon amical souvenir.
  Je t'adresse mes amicales pensées.

- **Sehr privat**

  Affectueuses pensées. / Affectueusement.
  Je t'embrasse bien fort / de tout cœur.

Die Grußformeln in E-Mails sind weniger förmlich ▶ Seite 17.

Die Unterschrift im Brief

Die Unterschrift steht im Brief rechts nach der Grußformel.

Simenot

Jacques Simenot
Le Responsable de l'Accueil

Leroux

Sylvie Leroux
Service des Ventes

Die Funktion des Unterzeichners wird entweder vor oder nach seinem Namen geschrieben. In Geschäftsbriefen ist es üblich, zuerst den Namen, dann die Funktion zu erwähnen, anders in der Verwaltungskorrespondenz, da hier die Funktion wichtiger als die Person ist.

- Für die deutsche Abkürzung i.A. (= im Auftrag) finden Sie:
  Pour, p.o. (= par ordre) oder **p.a. (= par autorisation)**.
- Per procura heißt: **p.p.** oder **p.pon. (= par procuration)**.

Kurzzeichen und Vermerke

Links unter dem Briefkopf sind oft folgende Angaben vorgedruckt:

- **Les références –** *die Bezugszeichen*
  Votre réf. : / Vos réf. : / V / Réf. : *Ihr / Ihre Zeichen:*
  Notre réf. : / Nos réf. : / N / Réf. : *Unser / Unsere Zeichen:*

  z. B.: **V / Réf. : Votre lettre du 15 juin**
  N / Réf. : Numéro d'ordre 31

  Die Zeichen bestehen aber meistens wie im Deutschen aus den Initialen des Verfassers und der Person, die den Brief getippt hat.

- **L'objet –** *der Betreff*

  Der Betreff ermöglicht dem Empfänger, den Inhalt des Briefes sofort zu erfassen, wobei im Deutschen die Abkürzung *Betr.* nicht mehr verwendet wird, sondern das Thema, um das es im Brief geht, einfach fett gedruckt über der Anrede platziert wird.
  Objet : annulation de commande – *Stornierung der Bestellung*

- **Les pièces jointes / Annexe(s) –** *die Anlagen*
  P.J. : chèque de 400 € *Anlagen: Scheck über 400 €*
  contrat de location *Mietvertrag*

  Diese Rubrik kann entweder nach dem Betreff oder am Ende des Briefes nach der Unterschrift stehen.
  Wenn die Anlagen schon im Text erwähnt wurden, genügt es zu schreiben:
  P.J. mentionnée(s) / Annexe(s) mentionnée(s) – *Anlage(n) wie oben.*

- **Le post-scriptum / P.S. –** *das Postskriptum / P.S.*

  Unten links kann das Postskriptum erscheinen. Es wird benutzt, um etwas hinzuzufügen oder um eine Besonderheit hervorzuheben.

Stil und Textgestaltung beim Brief

- Zwei Briefgestaltungen sind möglich:
- die französische: Jeder Absatz beginnt mit einem Einzug. Zwischen den einzelnen Absätzen wird eine Leerzeile eingefügt.
- die amerikanische, die immer mehr bevorzugt wird: Alle Absätze fangen linksbündig an und sind durch eine Leerzeile voneinander getrennt.

- Das erste Wort des Briefes, also nach der Anrede, wird - im Gegensatz zum Deutschen - in der französischen Korrespondenz immer großgeschrieben.

- Merken Sie sich, dass ein guter Geschäftsbrief klar, logisch, präzise und kurz sein sollte. Ziehen Sie deshalb kurze Sätze (zwischen 8 und 16 Wörtern) und kurze Absätze (wenn möglich weniger als 6 Zeilen) vor.

Es empfiehlt sich, Ihren Brief nach einem bestimmten Schema zu gliedern:

1. Die Einleitung:
   Sie beziehen sich auf die Vergangenheit: auf einen Brief, eine Rechnung, einen Auftrag etc.
   Z. B.: **Nous avons bien enregistré votre commande du 14 courant et vous en remercions.**

2. Die Schilderung:
   Sie dient dazu, den aktuellen Sachverhalt genau darzustellen.
   Z. B.: **Cependant, nous tenons à vous signaler que des incidents techniques ont perturbé notre planning de fabrication. Nous ne pouvons donc pas vous livrer à la date prévue.**

3. Die Schlussfolgerung des Sachverhaltes:
   In diesem Absatz beschreiben Sie die aus dem Sachverhalt resultierende Konsequenz für die Zukunft.
   Z. B.: **La livraison ne pourra avoir lieu que le... au lieu du...**

4. Der Briefschluss:
   Im Briefschluss drücken Sie Ihr Anliegen, Ihre Haltung, Ihre Hoffnung oder Erwartung aus. Der Briefschluss ist wichtig, denn er unterstreicht den Ton Ihres Briefes.
   Z. B.: **Nous vous remercions d'avance de votre compréhension.**

5. Die Grußformel:
   Oft werden der Briefschluss und die Grußformel miteinander kombiniert.
   Z. B.: **En vous remerciant de votre compréhension, nous vous adressons, Monsieur, nos salutations distinguées.**

- In einem Geschäftsbrief können Sie die Pronomen **je** oder **nous** benutzen. Natürlich sollten Sie in einem Brief bei dem gleichen Pronomen bleiben. Es ist aber oft besser, in der **Nous**-Form zu schreiben: So zeigen Sie, dass Sie ein Mitarbeiter der Firma sind und nicht deren Besitzer.
- Besonders bei Reklamationen oder Absagen verwenden Sie das Passiv oder unpersönliche Formen: **Il s'avère qu'une erreur s'est glissée dans votre facture...** ist viel höflicher als „Vous avez fait une erreur dans votre facture."
- Auch wenn sie manchmal notwendig sind (z. B. bei einer dritten Mahnung) - vermeiden Sie die Imperativformen, da sie sehr trocken klingen. Statt „N'oubliez pas de nous régler avant le..." schreiben Sie **Nous vous demandons de bien vouloir nous régler avant le...**
- Es ist eleganter, Fragen ohne „est-ce que" zu stellen. Benutzen Sie lieber die Inversion: **Vous serait-il possible de nous faire parvenir... ?**

Briefumschlag

- Auf dem Umschlag erscheinen Name und Adresse genau wie in der Anschrift. Soll ein Brief an eine Firma einer bestimmten Person zugeleitet werden, fügen Sie genau wie bei der Anschrift **A l'attention de** - *z. H.* nach dem Firmennamen hinzu.

Folgende besondere Hinweise können auf dem Umschlag in der oberen linken Ecke stehen:

Exprès / Par exprès	*Eilzustellung / Durch Eilboten*
Urgent	*Eilt*
Par avion	*(Mit) Luftpost*
Imprimé	*Drucksache*
Mailing	*Infopost*
Echantillon sans valeur commerciale	*Muster ohne Wert*
Contre remboursement	*Gegen Nachnahme*
Recommandé (avec avis de réception)	*Einschreiben (mit Rückschein)*
Envoi avec valeur déclarée	*Sendung mit Wertangabe*
Faire suivre, s.v.p.	*Bitte nachsenden*
A retourner en cas de non-livraison	*Wenn unzustellbar, zurück*
Personnel	*Persönlich*
(Strictement) confidentiel	*(Streng) vertraulich*
Poste restante	*Postlagernd*

II. Die E-Mail - l'email

Muster-E-Mail

Envoyé: jeudi 4 mai 20..
De: maunet@lesfibres.fr
A: annick.poisson@boutiquedoree.fr
Objet: **Nouvelle collection**
Attaché: catalogue.pdf

Bonjour Madame,

J'ai le plaisir de vous adresser les catalogues présentant l'ensemble de nos tissus et papiers peints 20..., dans lesquels vous découvrirez de nombreuses nouveautés.

Je me permets d'attirer votre attention sur notre offre exceptionnelle que vous trouverez dans le catalogue en pièce jointe : 10 % de réduction sur les commandes passées avant le 30 mai.

Je vous remercie de votre confiance et de votre fidélité.

Cordialement,
Daniel Maunet

Service des ventes, Les Fibres
30 rue Grimaldi
59840 Lille
Tel. 03.27.78.92.03
E-mail : maunet@lesfibres.fr

Die Anrede in der E-Mail

In E-Mails können Sie dieselben Anredeformen benutzen wie in einem Brief ▶ Seite 10.

Die Schlussformel in der E-Mail

Die Grußformel in einer E-Mail ist weniger ausgedehnt als in einem Brief. Sofern es sich nicht um einen Erstkontakt mit einem potenziellen Geschäftspartner oder Kunden handelt - hier wird besser eine der Grußformeln für Briefe verwendet -, werden meist die folgenden Formulierungen benutzt. Sie sind sortiert von förmlich bis wenig förmlich/privat.

Salutations distinguées,
Avec nos salutations distinguées,
Cordialement,
Salutations cordiales,
Bien cordialement,
Sincèrement vôtre,
Respectueusement vôtre,
Bien à vous,
Amicalement,

Beachten Sie, dass im E-Mail-Verkehr **hinter der Grußformel kein Punkt**, sondern ein Komma gesetzt wird.

Die Signatur

Die Signatur einer E-Mail dient nicht allein der freundlichen Information über die Kontaktdaten des Absenders, sondern muss rechtlichen Vorschriften folgen. Wie in Deutschland werden auch in Frankreich bestimmte Angaben in der Signatur verlangt:

- die Gesellschaftsform, z. B. S.A.R.L., S.A. (▶ Geläufige Abkürzungen, Seite 180)
- Name(n) der Geschäftsführung
- die Handelsregisternummer
- die Umsatzsteuer-ID-Nummer

In der Regel legt die Unternehmensleitung den Inhalt und den Aufbau der Signatur fest, die von den Mitarbeiterinnen und Mitarbeitern mit ihrem vollständigen Namen, ihrer Funktion, ihrer telefonischen Durchwahl und ihrer persönlichen E-Mail-Adresse individuell angepasst wird.

Viele Unternehmen platzieren in einen „Footer" (Fußzeile) auch eigene Werbung. Bei Ladengeschäften können auch die **Öffnungszeiten** des Geschäfts angegeben werden. In Absprache mit der Unternehmensleitung können Sie, falls Sie in **Teilzeit** arbeiten, auch die Zeiten, in denen Sie für Externe direkt erreichbar sind, ergänzen.

Wenn Sie häufig Schriftverkehr mit dem Ausland haben, empfiehlt sich auch die **Übersetzung der Signatur in die Fremdsprache**. Dies erleichtert dem Empfänger das Verständnis. Achten Sie darauf, dass Sie die deutschen Umlaute **ä**, **ö** und **ü** mit **ae**, **oe** und **ue** ersetzen und das **ß** durch **ss**, da diese Buchstaben von E-Mail-Programmen in anderen Ländern oft nicht gelesen werden können.

Abkürzungen in E-Mails

CC (copie)	*zur Kenntnis*
CCI (copie cachée)	*Blindkopie*

Emoticons

Emoticons (französisch: *émoticones*) werden auch im französischen E-Mail-Verkehr benutzt. Bei einem Erstkontakt bzw. wenn man sich nicht so gut kennt, verzichten Sie lieber auf diese Zeichen, sondern versuchen Sie, sich durch eine entsprechende Formulierung in Worten auszudrücken.

Wenn Sie Emoticons benutzen, sollten Sie sich auf diese vier häufigsten beschränken, denn andere Emoticons könnten auch leicht missverstanden oder gar nicht verstanden werden:

:-) Freude
:-(Traurigkeit, Enttäuschung
:-O Überraschung, Erschrecken
;-) Ironie, Augenzwinkern

Bleiben Sie maßvoll im Einsatz von Emoticons und vermeiden Sie farbige und blinkende Modelle, die vom Empfänger häufig gar nicht gelesen werden können.

Stil und Textgestaltung in E-Mails

Für E-Mails gelten grundsätzlich dieselben Regeln wie für Briefe (▶ Seite 14). Allerdings sollte bei E-Mails noch mehr als bei Briefen auf **kurze Texte** geachtet werden, denn E-Mails werden in der Regel weniger aufmerksam und genau gelesen als Briefe. Außerdem ist das Lesen am Bildschirm anstrengender als auf dem Papier.

Wenn Sie wichtige oder komplexere Informationen per Mail verschicken möchten, hängen Sie diese Informationen besser als Dokument in den Anhang der Mail und verweisen im E-Mail-Text darauf: **Vous trouverez ... en pièce jointe.**

Halten Sie den Aufbau einer E-Mail möglichst einfach. Verzichten Sie auf **Einrückungen und automatische Aufzählungen** mit Punkten oder Nummerierungen und Sonderzeichen, weil diese Textformatierungen vom Mailsystem des Empfängers oftmals nicht erkannt werden und der Text auf dem Empfängerbildschirm „verwildert“ aussehen könnte. Statt mit Aufzählungen arbeiten Sie lieber mit kurzen Überschriften, die Sie fett markieren können, und lassen Sie mindestens eine Zeile Abstand vor der nächsten Überschrift.

Anmerkungen

- Für E-Mails werden Sie in der gesprochenen französischen Sprache meist „imél" und „mél" hören. Offiziell jedoch sind die einzigen seit 2003 zugelassenen Bezeichnungen immer noch **courrier électronique, courriel** und **message électronique**. Lediglich bei vorgedruckten Adressangaben in einem Dokument (Briefpapier, Visitenkarte, ...) darf offiziell auch **Mél.** vor der E-Mail-Adresse stehen, ähnlich wie **Tél.** vor der Telefonnummer.
- Versuchen Sie die **Betreffzeile** einer E-Mail immer sorgfältig auszufüllen mit kurzen, treffenden Stichwörtern. So weiß der Empfänger sofort, worum es in der E-Mail geht, und Sie finden Ihre Mail später leichter wieder, wenn Sie sie noch einmal aufrufen oder Ihre Mails sortieren möchten.
- Beachten Sie, dass man **se connecter à Internet** (ohne Artikel) sagt.

Das Telefon als Medium für schriftliche Nachrichten

Insbesondere Mobiltelefone dienen heute nicht mehr nur der mündlichen Kommunikation (▶ siehe Kapitel „Telefonieren“, S. 143). Mit ihnen lassen sich auch schriftliche Nachrichten versenden. Das ist praktisch, z. B. wenn man gerade nicht anrufen kann, weil man im Zug sitzt, oder weil die Tageszeit sehr ungünstig ist.
SMS sowie Nachrichten per **WhatsApp** oder ähnliche Messaging-Dienste dienen jedoch lediglich für kurze, dringende Nachrichten und sollten nur im unternehmensinternen Informationsaustausch oder zwischen bereits sehr gut miteinander vertrauten Geschäftspartnern eingesetzt werden. Auch sollte man keinesfalls einen ersten geschäftlichen Kontakt über SMS oder WhatsApp knüpfen.

Erkundigen Sie sich bei Ihrer Unternehmensleitung, ob und wie Textnachrichten per Mobiltelefon in der geschäftlichen Kommunikation erwünscht sind. Sofern Ihnen Ihr Unternehmen ein Mobiltelefon zur Verfügung stellt, werden Sie wahrscheinlich auch über die Richtlinien zur Benutzung informiert werden.

Einige Musternachrichten

SMS 1:

Bonjour Madame Leroux, pouvons-nous reporter notre rendez-vous de mardi après-midi à mercredi matin ? Le personnel d'Air France est en grève et je n'aurai pas d'avion avant mardi soir. Merci de votre compréhension. Cordialement, Martin Deschamps

SMS 2:

Bonjour Jean, je suis dans les embouteillages. Commencez la réunion sans moi. J'espère arriver avant la fin. Désolée. Marie

SMS 3:

Bonjour Monsieur Simenot, je confirme mon acceptation des conditions du contrat dont nous avons parlé hier au téléphone. Pourriez-vous en envoyer un exemplaire par e-mail à ma secrétaire afin de finaliser notre accord. Merci. Cordialement, Roger Osborn

Anmerkungen

Die **Grußformel** bei SMS oder WhatsApp-Nachrichten lautet in der Regel **Cordialement**. Jüngere Menschen benutzen bei ihren Kurznachrichten inzwischen auch häufig Abkürzungen. Bei der Kontaktpflege mit Externen sollte man die Wörter besser ausschreiben. Einige Abkürzungen sind allerdings auch im geschäftlichen Verkehr inzwischen akzeptiert:

SVP	s'il vous plaît
RDV	rendez-vous
A+	à plus tard
mr6	merci
bcp	beaucoup
tjr	toujours
cdt / CDT	cordialement

1 Eine Reservierung vornehmen

Frau Fosset ist Leiterin der kaufmännischen Abteilung der Lederwarenfirma Bocuir. Sie wird Bocuir auf der Internationalen Lederwaren-Messe in Brüssel vertreten. Ihre Sekretärin, Frau Pivot, bereitet ihre Reise vor.

Envoyé: mardi 2 février 20..
De: mpivot@etsbocuir.fr
A: reservations@hotel-leopold.be
Objet: **réservation d'une chambre**

1 ____________________,

2 ____________________ de bien vouloir 3 ____________________ une chambre individuelle avec salle de bain et W.C., si possible très calme, 4 ____________________ Madame Corine Fosset, directrice commerciale, 5 ____________________ les nuits du 1er au 5 mars 6 ____________________.

Par ailleurs, nous tenons à préciser que Madame Fosset 7 ____________________ le matin d'une table de quatre personnes pour ses petits déjeuners d'affaires.

8 ____________________ la réservation.

Nous vous remercions 9 ____________________, de votre réponse.

10 ____________________,

Pour la directrice commerciale
Martine Pivot

Ets Bocuir & Fils
2 rue Thumesnil
59000 LILLE Cedex

Tel. : 03.38.37.02.25
Fax : 03.38.47.12.26
E-mail : info@etsbocuir.fr

www.etsbocuir.fr

▶ E-Mail 1: Lösung auf Seite 159

Helfen Sie Frau Pivot, die Hotelreservierung vorzunehmen. Beachten Sie, dass sich in den Begriffsgruppen jeweils nur eine zutreffende Wendung befindet, mit deren Hilfe Sie den Lückenbrief vervollständigen können. Wählen Sie die richtige aus!

1 *Die Anrede:*
Cher Monsieur
Madame, Monsieur
A l'Hôtel Léopold

2 *Eine Bitte äußern:*
Nous vous prions
Je vous demande
Je voudrais

3 *Ein Zimmer „reservieren" heißt:*
réserver
commander
garder

4 *„auf den Namen":*
pour le nom de
au nom de
par le nom de

5 *Welche ist die passende Präposition?*
pendant
pour
dans

6 *„einschließlich":*
aussi
inclus
inclusif

7 *Frau Fosset „würde gern ... zur Verfügung haben":*
aimerait disposer
voudrait avoir
serait disposée

8 *Um eine Bestätigung bitten:*
S'il vous plaît, confirmez
Merci de bien vouloir confirmer
Nous attendons votre confirmation

9 *„im Voraus":*
par anticipation
en avance
d'avance

10 *Die Grußformel:*
Cordialement
Affectueusement
Bien sincèrement

Textbausteine

Ein Zimmer suchen

Je voudrais / J'aimerais / Je souhaiterais réserver...	Ich möchte ... reservieren.
Nous aimerions / souhaiterions faire une réservation.	Wir würden gern ... reservieren / eine Reservierung vornehmen.
Je vous prie de bien vouloir me réserver une chambre.	Ich bitte Sie, mir ein Zimmer zu reservieren.
Je cherche un hôtel confortable / correct / un bon hôtel à proximité de l'aéroport.	Ich suche ein komfortables / geeignetes Hotel in Flughafennähe.

Reservieren, buchen, mieten

réserver une chambre simple / double au nom de...	ein Einzel- / Doppelzimmer auf den Namen ... reservieren
Nous désirons réserver une salle de réunion bien équipée.	Wir möchten einen gut ausgestatteten Tagungsraum reservieren.
Nous avons réservé une table pour trois personnes.	Wir haben einen Tisch für drei Personen reserviert.
Avez-vous réservé des places pour le théâtre ?	Haben Sie Plätze für das Theater reserviert?
Je voudrais...	Ich möchte ...
... retenir / réserver deux places sur le prochain vol pour New York.	... zwei Plätze für den nächsten Flug nach New York buchen.
... louer un appartement / une chambre / une voiture / un bateau / un vélo.	... eine Wohnung / ein Zimmer / ein Auto / ein Boot / ein Fahrrad mieten.

Einen Wunsch äußern

Il me faudrait / J'aurais besoin de...	Ich bräuchte ...
Nous aurons besoin de l'équipement suivant : un vidéoprojecteur et un moniteur / un écran de projection.	Wir werden die folgende Ausstattung benötigen: einen Beamer und einen Monitor / eine Leinwand.
Je serais intéressé/e par...	Ich wäre an ... interessiert.
Je vous serais reconnaissant/e de / Je vous saurais gré de...	Ich wäre Ihnen für ... dankbar.
Je vous serais reconnaissant/e si vous pouviez...	Ich wäre Ihnen dankbar, wenn Sie ... könnten.
Pourriez-vous me procurer... ?	Könnten Sie mir ... besorgen?
Nous aimerions disposer de...	Wir würden gerne ... zur Verfügung haben.
Y aurait-il la possibilité de disposer de... ?	Wäre es möglich, ... zur Verfügung zu bekommen?

Eine Dauer, einen Zeitraum angeben

pour la semaine du 13 au 20 avril inclus	für die Woche vom 13. bis 20. April einschließlich
pour le mois de mai	für (den gesamten) Mai
pour cinq semaines à partir du 20 juillet	für fünf Wochen, ab dem 20. Juli
pour ce week-end	für dieses Wochenende
pour le week-end prochain	für das nächste Wochenende
pour les vacances de Pâques / d'été	für die Oster- / Sommerferien
du 19 au 26 février	vom 19. bis 26. Februar
à compter du 2 mai / dès le 2 mai	ab dem / beginnend am 2. Mai

Ein Zimmer beschreiben

une chambre confortable face à / avec vue sur la mer	ein komfortables Zimmer mit Meerblick
une chambre donnant sur la cour / le jardin	ein Zimmer zum Hof / Garten hinaus
une chambre très lumineuse / ensoleillée	ein sehr helles Zimmer
une chambre...	ein Zimmer ...
orientée plein sud	nach Süden
climatisée	mit Klimaanlage
avec bain et W.C.	mit Bad und WC
avec douche et W.C.	mit Dusche und WC
avec téléphone et téléviseur	mit Telefon und Fernseher
avec un lit d'enfant	mit einem Kinderbett
avec un grand lit	mit französischem Bett
avec des lits jumeaux	mit zwei Betten

Um eine Bestätigung bitten

Je vous serais reconnaissant / e de bien vouloir (me) confirmer...	Ich wäre Ihnen dankbar, wenn Sie (mir) ... bestätigen könnten.
Veuillez confirmer...	Bitte bestätigen Sie ...
Merci de bien vouloir confirmer si...	Bitte bestätigen Sie, ob ...
Je vous saurais gré de confirmer cette réservation.	Ich wäre Ihnen dankbar, wenn Sie diese Reservierung bestätigen könnten.
Auriez-vous la gentillesse de confirmer / répondre...	Würden Sie freundlicherweise ... bestätigen / beantworten.
Nous attendons votre confirmation.	Wir erwarten Ihre Bestätigung.
Nous vous remercions d'avance de votre réponse.	Für Ihre Antwort danken wir Ihnen im Voraus.

Um eine rasche Antwort bitten

aussi vite que possible / au plus vite	so bald wie möglich
assez rapidement	ziemlich schnell
par retour du courrier	postwendend
dans les plus brefs délais	umgehend
la semaine prochaine au plus tard	spätestens nächste Woche

Nach dem Preis fragen

Je vous serais reconnaissant/e de bien vouloir me communiquer vos prix.	Ich wäre Ihnen dankbar, wenn Sie mir Ihre Preise mitteilen könnten.
J'aimerais connaître vos tarifs à la journée / à la semaine / au mois.	Bitte teilen Sie mir Ihre Tarife pro Tag / Woche / Monat mit.
Veuillez nous faire parvenir la liste de vos prix.	Bitte senden Sie uns Ihre Preisliste.
Nous vous remercions de bien vouloir nous préciser vos conditions pour cette réservation.	Wir danken Ihnen für die Mitteilung Ihrer Preise bezüglich dieser Reservierung.

Welche Mahlzeiten sind inbegriffen?

petit déjeuner compris	Frühstück inbegriffen
dîner compris	Abendessen inbegriffen
pension complète / demi-pension	Vollpension / Halbpension
chambre et petit déjeuner	Zimmer mit Frühstück

Falls kein Zimmer frei ist

Au cas où vous n'auriez plus de chambres...	Sollten Sie keine Zimmer (mehr) frei haben, ...
Si vous n'avez plus de chambres libres / disponibles...	Wenn Sie keine Zimmer (mehr) frei haben, ...
complet	belegt / ausgebucht

Anmerkungen

- Im Französischen kann man *reservieren* sowohl mit **réserver** als auch mit **retenir** ausdrücken: **réserver une chambre, une table, des places au théâtre**. Geläufiger ist jedoch **retenir** in den Wendungen **retenir une place sur un vol / pour un vol**.
- Wenn Ausdrücke wie **par ailleurs, d'avance** am Anfang eines Satzes stehen, folgt ihnen immer ein Komma. Wenn sie aber im Satz stehen, ist ein Komma nicht erforderlich:
  D'avance, nous vous remercions de votre réponse.
  Nous vous remercions d'avance de votre réponse.

Sie sind dran!

In diesem Abschnitt können Sie die neuen Begriffe und Wendungen üben. Fällt Ihnen keine passende Lösung ein, dann schlagen Sie hier wie in den folgenden Kapiteln noch einmal im jeweiligen Teil „Textbausteine“ und / oder im Anhang bei den Lösungsvorschlägen nach. Achtung: Häufig sind mehrere Lösungen möglich, und eine Lücke kann für mehr als ein Wort stehen!

1 Vervollständigen Sie folgende Buchungsanfrage:

Je vous 1 ____________ de me 2 ____________ vos 3 ____________
en demi-pension et chambre simple avec 4 ____________ pour la période
5 ____________ 2 6 ____________ 8 juillet.

7 ____________ , je vous remercie de votre réponse.

2 Füllen Sie die Lücken in folgender Zeitungsannonce:

A LOUER :

Superbe villa en Normandie. Séjour / salon
orienté 1 ____________ , cuisine bien 2 ____________ ,
4 chambres toutes avec 3 ____________ jumeaux,
grande terrasse, piscine. Location toute l'année.

M. Tirasse, 4 rue du Colonel Delorme, 93100 Montreuil

3 Beantworten Sie jetzt die Annonce:

Je serais intéressé par votre offre de location, parue dans « Le Normand » du 3 juin pour une
période de trois semaines 1 ____________ du 6 avril.
Mais 2 ____________ , avant de me décider, connaître 3 ____________
à la semaine et savoir s'il y 4 ____________ la possibilité de 5 ____________
d'un garage.
Je 6 ____________ d'avance de votre réponse.

4 Auch in dieser Anfrage fehlen Begriffe:

Pour notre prochain congrès qui aura lieu du 5 au 8 novembre nous 1 ______________ réserver deux salles 2 ______________ bien 3 ______________ d'une capacité chacune de 50 à 60 personnes. C'est pourquoi nous vous serions reconnaissants 4 ______________ une documentation complète ainsi que 5 ______________ à la journée.

5 Schaffen Sie die Voraussetzungen für ein gelungenes Wochenende in London und vervollständigen Sie das Schreiben:

Je voudrais 1 ______________ pour ma femme et moi-même, deux places 2 ______________ vol pour Londres en première classe. Nous 3 ______________ partir le 14 et revenir le 17 juillet. Comme nous devons 4 ______________ une chambre d'hôtel, nous 5 ______________ de nous 6 ______________ cette réservation 7 ______________ du courrier.

▶ Lösung auf Seite 169

Lerntipps

- Um Ihr Gedächtnis zu stützen, notieren Sie nun die Wörter und Ausdrücke, die Ihnen besonders wichtig erscheinen. Welche waren Ihnen neu?
- Auch wenn Sie nicht alles im Detail verstanden haben: Gehen Sie nach einiger Zeit zum nächsten Kapitel über, denn etwaige Unklarheiten lösen sich von selbst, wenn Sie etwas weiter sind.

2 Eine Reservierung bestätigen

Frau Pivot erhält vom Hotel die Bestätigung der Zimmerreservierung.

Envoyé: mardi 6 février 20..
De: j.simenot@hotel-leopold.be
A: info@etsbocuir.fr
Objet: **confirmation de réservation**

1 ____________,

2 ____________ votre e-mail du 2 février et 3 ____________.

4 ____________ au nom de Madame Corine Fosset, du 1er au 5 mars inclus, une chambre individuelle avec salle de bain, W.C., téléphone et téléviseur,
5 ____________ sur le jardin de l'hôtel, au prix de 185 W la nuit, petit déjeuner, taxes et service compris.

6 ____________ de Madame Fosset une table de quatre personnes pour ses petits déjeuners d'affaires.

7 ____________ un soin particulier à l'agrément et au confort de son séjour.

8 ____________,

Jacques Simenot
Responsable de l'Accueil

Hôtel Léopold
Avenue Louise 35
1050 BRUXELLES
Belgique

Tél +32 2 511 28 18
Fax +32 2 514 93 19
E-mail : j.simenot@hotel-leopold.be

▶ E-Mail 2: Lösung auf Seite 159

Rekonstruieren Sie den Antwortbrief des Hotels mit Hilfe folgender Elemente:

1 *Die Anrede:*
Chère Madame
Madame Pivot
Madame

2 *Den Erhalt des Briefes bestätigen:*
Nous avons bien reçu
On a reçu
Comme suite à

3 *Sich für den Brief bedanken:*
vous disons merci
Nous apporterons
vous en remercions

4 *Welche Verbform ist richtig?*
Nous sommes réservés
Nous avons réservé
Nous avions réservé

5 *Welches ist das passende Wort?*
regardant
donnant
voyant

6 *„Wir werden zur Verfügung stellen":*
Nous tiendrons à la disposition
Nous pourrons disposer
Nous aurons au service

7 *Welche Verbform ist richtig?*
Nous apporterions
Nous apporterons
Nous allons apporter

8 *Die Grußformel:*
Sentiments dévoués
Cordiales salutations
Respectueux hommages

Absage einer Reservierung

Im Falle eines negativen Bescheids wird der erste Absatz, in dem auf die Anfrage Bezug genommen wird, wahrscheinlich identisch oder ähnlich sein.

Madame,

Nous avons bien reçu votre e-mail du 2 février et vous en remercions.

1 __________ de devoir vous informer qu'en raison du Salon International du cuir notre hôtel sera 2 __________ pour les dates que vous nous indiquez.

3 __________ de vous adresser à l'hôtel Soleil dont l'adresse est 4 __________ :
Hôtel Soleil, Koningsstraat 10, 1210 Bruxelles, tél. : 654.61.11, fax : 641.63.44, www.solotel.be.

Bien que cet hôtel, qui présente le même confort que le nôtre, soit situé dans un quartier un peu plus bruyant, 5 __________ Madame Fosset en sera très satisfaite.

Nous espérons 6 __________ d'accueillir les membres de votre société à une autre occasion.

Cordiales salutations,

▶ E-Mail 3: Lösung auf Seite 159

Vervollständigen Sie dieses Fax mit Hilfe folgender Begriffe:

1 *„Wir bedauern“:*
Nous sommes tristes
Nous avons le regret
Nous sommes dans l'obligation

2 *„belegt“:*
plein
rempli
complet

3 *Einen Vorschlag machen:*
Nous vous suggérons
Nous vous présentons
Nous vous demandons

4 *Die Adresse ist „die folgende“:*
celle-ci
la suivante
ce qui suit

5 *Sich einer Sache sicher sein:*
nous sommes sûrs que
c'est sans aucun doute que
pas de doute que

6 *Wir hoffen, „das Vergnügen zu haben“:*
avoir la grande joie
avoir le plaisir
avoir l'amusement

Textbausteine

Den Eingang eines Schreibens bestätigen

Nous avons bien reçu votre lettre du...	Wir haben Ihr Schreiben vom ... erhalten.
Nous vous remercions de votre courrier du... dans lequel vous nous demandez de...	Wir danken Ihnen für Ihr Schreiben vom ..., in dem Sie uns bitten, ... zu ...
En réponse à votre lettre / fax / e-mail du...	In Beantwortung Ihres Briefes / Fax / E-Mail vom ...
Suite à votre demande / courrier du...	Bezüglich Ihrer Anfrage vom / Bezug nehmend auf Ihre Anfrage vom / Ihr Schreiben vom ...

Eine Reservierung bestätigen

Nous vous confirmons votre appel téléphonique de ce matin concernant la réservation de 2 places en classe affaires sur le vol Air France N°... du 17/11 pour Montréal.	Hiermit bestätigen wir Ihren Anruf von heute Morgen, in dem Sie uns baten, zwei Business-Class-Plätze für den Air-France-Flug Nr. ... am 17.11. nach Montreal zu buchen.
Vous trouverez ci-joint les billets et facture.	Flugtickets und Rechnung liegen bei.
Nous avons réservé la chambre que vous désirez pour la semaine du 5 au 12 janvier.	Wir haben das von Ihnen gewünschte Zimmer für die Woche vom 5. bis 12. Januar gebucht.
Suite à notre entretien téléphonique du... je vous confirme la réservation de deux chambres individuelles pour 4 nuits au nom de Monsieur Jourdan.	Bezug nehmend auf unser Telefongespräch vom ..., bestätige ich Ihnen die Reservierung von 2 Einzelzimmern für 4 Nächte auf den Namen Jourdan.

Nous avons le plaisir de vous confirmer la location d'un appartement du premier au trente juin inclus. Vous trouverez ci-joint un itinéraire détaillé pour vous rendre au complexe hôtelier.	Wir freuen uns, Ihre Reservierung einer (Ferien-) Wohnung vom 1. bis 30. Juni bestätigen zu können. Wir fügen eine detaillierte Wegbeschreibung zu unserer Ferienanlage bei.
Nous confirmons que nous tiendrons à votre disposition...	Wir bestätigen, dass wir Ihnen ... zur Verfügung stellen werden.
Nous confirmons la disponibilité d'un break pour la période du 4 au 20 août. Vous trouverez ci-joint nos tarifs actuels et les conditions de réservation.	Hiermit bestätigen wir, dass für die Zeit vom 4. bis 20. August ein Kombiwagen verfügbar ist. Beiliegend finden Sie unsere aktuellen Tarife und Mietbedingungen.

Eine Reservierung ablehnen

Nous avons le regret de vous informer que nous sommes complets pendant tout le mois de mai.	Wir bedauern, Ihnen mitteilen zu müssen, dass wir den gesamten Monat Mai ausgebucht sind.
Malheureusement nous n'avons plus de places pour la représentation de...	Leider gibt es für die Aufführung von ... keine Karten mehr.
Nous regrettons de vous communiquer que nous n'avons plus de places pour le voyage à Amsterdam du week-end prochain.	Leider sind für die Reise nach Amsterdam am kommenden Wochenende keine Plätze mehr frei.
Nous sommes dans l'obligation de vous informer que nous n'avons plus de voitures décapotables disponibles pour la période du 4 au 10 juillet.	Leider sehen wir uns gezwungen, Ihnen mitzuteilen, dass wir für die Zeit vom 4. bis 10. Juli keine Cabrios mehr zur Verfügung haben.

Eine Alternative vorschlagen

Je vous suggère de contacter l'hôtel Le Parc (voir adresse ci-dessous) qui pourrait répondre à votre demande pour la période souhaitée.	Ich schlage Ihnen vor, sich an das Hotel Le Parc zu wenden (Adresse s. u.), das Ihnen vielleicht für die gewünschte Zeit eine adäquate Unterkunft anbieten kann.
Cependant, nous pourrions vous offrir 5 places pour la matinée de samedi.	Wir könnten Ihnen jedoch 5 Plätze für die Nachmittagsvorstellung am Samstag anbieten.
Je vous conseille à l'avenir de réserver au moins un mois à l'avance, car cette excursion est très demandée.	Ich rate Ihnen, künftig mindestens einen Monat im Voraus zu buchen, da dieser Ausflug sehr beliebt ist.
Nous vous suggérons de vous adresser à / de contacter une autre agence de la région qui devrait pouvoir vous aider.	Wir schlagen Ihnen vor, sich an eine andere Agentur in der Gegend zu wenden, die Ihnen möglicherweise weiterhelfen kann.

Anmerkungen

- Wenn Sie in einem Satz zweimal dasselbe Subjekt haben, reicht es vollkommen, wenn Sie es nur einmal nennen:
  Nous avons bien reçu votre lettre et (nous) vous en remercions.
- Die französischen Grußformeln, wie sie vor allem in Briefen benutzt werden, klingen im Vergleich zu den deutschen oftmals sehr schwülstig. Aber sie gehören auch heute noch zu den Regeln der Höflichkeit, auf die in der geschäftlichen Korrespondenz besonderer Wert gelegt werden sollte.
  Die Grußformel **Je vous prie de croire à / Veuillez agréer / recevoir, Monsieur / Madame, l'expression de mes / nos sentiments (très / les plus) dévoués** wird beispielsweise von einem Hotel oder einer Firma in Briefen an die Kunden verwendet.
- Merken Sie sich, dass die Verbform der Zukunft in Geschäftsbriefen fast immer die „einfache Form" ist. Also schreiben Sie nicht „Nous allons tenir à votre disposition..." sondern lieber **Nous tiendrons à votre disposition...**
- Merken Sie sich die Rechtschreibung des Verbs **accueillir**.
- Vergessen Sie nicht: *am 1. Januar* - **le premier janvier**
  am 2. Januar - **le deux janvier**
  am 3. Januar - **le trois janvier** etc.
- Beachten Sie, dass einige Konjunktionen den **Subjonctif** - *Konjunktiv* auslösen, z. B. **bien que** und **quoique**: **Bien que l'hôtel soit situé...**

Sie sind dran!

1 Vervollständigen Sie die Absage der Mietwagenfirma.

Nous 1 ________________ de vous informer que nous n'avons plus de voitures
2 ________________ pendant la 3 ________________ souhaitée.
Nous vous 4 ________________ de vous 5 ________________ au centre automobile de Versailles
qui 6 ________________ à votre demande.

2 Auch in der Reservierungsbestätigung für eine Ferienwohnung fehlen Begriffe!

Suite à notre 1 ________________ de ce matin, je vous 2 ________________ la
réservation d'un appartement pour deux adultes et un enfant du premier au quinze avril compris. Ci-joint, vous 3 ________________ un chèque de 110 € à titre d'arrhes .

3 Ergänzen Sie folgende Reservierungsbestätigung!

Nous vous 1 ________________ de votre courrier du 28 septembre et vous confirmons 2 ________________ de deux chambres doubles à 58 € par jour et par personne, petit déjeuner compris. 3 ________________ , vous 4 ________________ un plan détaillé pour vous rendre à notre hôtel.

▶ Lösung auf Seite 169

Lerntipps

- Lernen erfordert viel Ausdauer und Geduld mit sich selbst. Sie werden neue Wörter und Ausdrücke behalten, wenn Sie sie oft lesen, sprechen und schreiben.

3 Einen Termin vereinbaren

Frau Fosset möchte einen Termin mit einem der wichtigsten Kunden von Bocuir, Herrn Fels aus München, den sie seit vielen Jahren kennt, festlegen. Bei ihrem letzten Telefongespräch hatte sie erwähnt, dass sie wahrscheinlich nach Brüssel fahren wird.

Envoyé: mardi 10 février 20...
De: c.fosset@etsbocuir.fr
A: post@rainerfels.org
Objet: **Rendez-vous**

1 ______________ ,

2 ______________ notre entretien téléphonique de la semaine dernière, j'ai le plaisir de vous confirmer que je participerai au Salon International du cuir à Bruxelles.

Comme vous aussi, 3 ______________ de vous y rendre, ce sera sans doute l'occasion de nous revoir.

4 ______________ il est assez difficile au salon de discuter affaires sans être dérangé,
5 ______________ une rencontre au restaurant de l'hôtel Léopold le mercredi 3 mars à 20 heures.
6 ______________ parler de nos nouveaux modèles et de leur distribution.

7 ______________ ce soir-là, 8 ______________ me le faire savoir
9 ______________ et de me fixer un autre rendez-vous.

D'avance, je vous remercie de votre réponse.

10 ______________ ,

Corine Fosset
Directrice commerciale

Ets Bocuir & Fils
2 rue Thumesnil
59000 Lille Cedex
France

Tel +33 (0)3 38 37 02 29
Fax +33 (0)3 38 47 12 26
E-mail: c.fosset@etsbocuir.fr

▶ E-Mail 4: Lösung auf Seite 159

Helfen Sie Frau Fosset, einen Geschäftstermin zu vereinbaren:

1 *Die Anrede:*
Cher Rainer
Monsieur
Cher Monsieur

2 *Sich auf ein vorausgegangenes Telefongespräch beziehen:*
Comme annoncé
Suite à
Conformément

3 *Auf ein Vorhaben hinweisen:*
vous avez la volonté
vous avez l'intention
vous désirez

4 *„Da":*
Etant donné qu'
Vu qu'
Etant admis qu'

5 *Einen Vorschlag machen:*
je vous propose
je vous offre
je vous dépose

6 *„So könnten wir":*
Nous pouvons de cette façon
Nous pourrions ainsi
Nous saurions ainsi

7 *Eine negative Vermutung äußern:*
Au cas où vous ne seriez pas disponible
Si jamais vous n'étiez pas là
Dites-moi si vous êtes là

8 *Um eine Bestätigung bitten:*
essayez, s'il vous plaît, de
écrivez-moi pour
je vous serais reconnaissante de bien vouloir

9 *Um eine rasche Antwort bitten:*
sans attendre
tout de suite
le plus rapidement possible

10 *Die Grußformel:*
Amitiés
Bien cordialement
Recevez mes salutations distinguées

Textbausteine

Sich auf einen vorausgegangenen Brief beziehen

Comme annoncé dans mon courrier du...	Wie in meinem Brief vom ... erwähnt, ...
En référence à ma lettre du...	Bezüglich meines Briefes vom ...
Comme suite à notre courrier du...	Wir beziehen uns auf unser Schreiben vom ...
En me référant à votre lettre du...	Bezug nehmend auf Ihren Brief vom ...
Nous confirmons votre lettre du...	Wir bestätigen Ihren Brief vom ...
Nous accusons réception de votre lettre du...	Wir bestätigen den Eingang Ihres Briefes vom ...

Ein Vorhaben ankündigen

Je dois...	Ich habe vor ...
Je devrais...	Ich werde aller Voraussicht nach ...
Je serai à...	Ich werde in ... sein.
J'envisage de...	Ich plane, zu ...
Il est probable que je...	Wahrscheinlich werde ich ...
J'espère...	Ich hoffe, ... zu ...
J'ai l'intention de...	Ich habe vor / Ich habe die Absicht, ... zu ...
Je vous propose de...	Ich schlage Ihnen vor, ... zu ...
Nous avons décidé de...	Wir haben beschlossen, ... zu ...
Je compte partir pour... le...	Ich gedenke, am ... nach ... zu fahren.

Auf etwas aufmerksam machen

Vous apprendrez avec intérêt que...	Es wird Sie sicherlich interessieren, dass ...
Vous savez certainement que...	Sie wissen, dass ... / Sicherlich wissen Sie, dass ...
Vous n'ignorez pas que...	Es wird Ihnen nicht entgangen sein, dass ...
Vous avez dû remarquer que...	Sie werden bemerkt haben, dass ...
Nous sommes heureux / Nous avons le plaisir de vous annoncer / de vous informer que...	Wir freuen uns, Ihnen mitteilen zu können, dass ...
Je me permets d'attirer votre attention sur...	Ich erlaube mir, Sie auf ... aufmerksam zu machen.

Einen Termin vorschlagen

Je vous propose une rencontre / que nous nous rencontrions le...	Ich schlage Ihnen vor, dass wir uns am ... treffen.
Nous pourrions prendre / fixer rendez-vous pour le...	Wir könnten uns für den ... verabreden.

Einen Zeitpunkt angeben

la semaine prochaine	nächste Woche
le mois prochain	nächsten Monat
dans les prochains jours	in den kommenden Tagen
vers le 2 ou 3...	um den 2. oder 3. ...
vers les 3 heures	gegen 3 Uhr
durant la semaine du 8 au 14	während der Woche vom 8. bis 14.
le matin / l'après-midi / le soir	vormittags / nachmittags / abends
à 10 heures du matin	um 10 Uhr vormittags

Terminschwierigkeiten vermuten

Dans le cas où vous ne seriez pas disponible...	Sollten Sie zu diesem Zeitpunkt verhindert sein, ...
Au cas où cela ne vous conviendrait pas...	Sollte es Ihnen nicht möglich sein, ...
Si cela ne vous convenait pas...	Falls es Ihnen nicht möglich sein sollte, ...
Si cela ne concordait pas avec votre programme / votre planning...	Wenn es nicht in Ihren Zeitplan passen sollte, ...

Seine Bereitschaft zeigen

Je serais enchanté/e / ravi/e de...	Ich wäre erfreut, ... zu ...
Nous serions très heureux de...	Wir würden uns sehr freuen, ... zu ...
C'est avec plaisir que nous...	Gern ... wir ...
J'ai le plaisir de...	Ich ... gerne ...

Kontakte pflegen

N'hésitez pas à nous contacter pour toute information complémentaire.	Sollten Sie weitere Informationen benötigen, zögern Sie nicht, sich an uns zu wenden.
Nous restons à votre entière disposition pour de plus amples renseignements.	Für weitere Auskünfte stehen wir Ihnen jederzeit gern zur Verfügung.
Nous espérons recevoir bientôt de vos nouvelles.	Wir hoffen, bald wieder von Ihnen zu hören.
Espérant vous lire bientôt / très prochainement...	In der Hoffnung, bald wieder von Ihnen zu hören, ...

Anmerkungen

- Verwechseln Sie nicht **le matin** - *morgens* und **ce matin** - *heute Morgen*. Und es heißt **à Paris**, aber **en France**.
- Sie können schreiben:
  rester à la disposition de quelqu'un oder
  se tenir à la disposition de quelqu'un oder auch
  être à la disposition de quelqu'un.
- Merken Sie sich, dass der **Subjonctif** nach Wendungen und Verben steht, die einen Vorschlag oder eine Vermutung ausdrücken, z. B. **suggérer**, **proposer**, **il se peut que**, **il est probable que**...
- Die deutsche Konjunktion *da* kann im Sinne von *als* einen Zeitraum angeben und wird im Französischen mit **comme**, **lorsque**, **quand** wiedergegeben. Wenn sie aber einen Grund ausdrückt, wird sie mit **comme**, **étant donné que**, **parce que** übersetzt:
  Comme je téléphonais à M. Feld, elle m'a apporté le courrier.
  Comme je serai absent le 8 mai, je ne pourrai pas participer à la réunion.
- In Sätzen, die eine Bitte ausdrücken, werden Sie oft den Einschub **bien vouloir** finden. Er ist zwar nicht notwendig, zeigt aber, dass Sie besonders höflich sind:
  Je vous serais reconnaissant /e de bien vouloir me confirmer...

Sie sind dran!

1 Füllen Sie die Lücken in folgendem Terminvorschlag.

1 ______________ dans mon e-mail du 12 avril, je 2 ______________ à Lyon la semaine prochaine. J'aimerais profiter de ce voyage pour vous présenter notre nouveau catalogue. Nous 3 ______________ rendez-vous 4 ______________ 2 mai à 10 heures. Dans le cas où 5 ______________ ce jour là, je 6 ______________ de bien vouloir me 7 ______________ une autre date.

2 Wie muss es in dieser Anfrage korrekt heißen?

Comme je 1 ______________ en Bourgogne 2 ______________ la semaine du 10 au 17 mars, je serais 3 ______________ de pouvoir visiter votre usine 4 ______________ Dijon. Je vous propose que nous 5 ______________ le 13 juin à 14 heures dans votre bureau. Au cas où cette date 6 ______________ je vous 7 ______________ gré 8 ______________ me le faire savoir le 9 ______________.

3 Ordnen Sie die folgenden Sätze und Satzteile, um den Brief wiederherzustellen!

1 Je vous prie de croire à mes sentiments les meilleurs.
2 auriez-vous l'obligeance de me le faire savoir ?
3 vers les 15 heures dans votre bureau.
4 Comme je vous l'écrivais dans ma lettre du 18 octobre,
5 Nous pourrions nous rencontrer l'après-midi,
6 Dans le cas où vous ne seriez pas disponible
7 je me rendrai à Rouen lundi prochain.
8 D'avance, je vous en remercie.

4 Sie möchten demnächst nach Madrid fliegen. Informieren Sie Ihren Geschäftsfreund, Herrn Delvasco, über Ihre bevorstehende Reise. Teilen Sie ihm mit, dass Sie ihn gern am Montag, dem 8. März, um 20 Uhr im Foyer des Hotels Mercor treffen würden.

▶ Lösung auf Seite 169

4 Einen Termin bestätigen

Einen Terminvorschlag annehmen

Herr Fels, mit dem sich Frau Fosset während ihres Aufenthaltes in Brüssel treffen möchte, kann den Termin wahrnehmen.

Envoyé: dimanche 15 février 20...
De: post@rainerfels.org
A: c.fosset@etsbocuir.fr
Objet: **Confirmation**

Chère Madame,

1 ________________ de votre e-mail du 10 février à laquelle je m'empresse de répondre.
2 ________________ que 3 ________________ le mercredi 3 mars au soir. C'est donc avec plaisir que 4 ________________ de dîner ensemble à 20 heures au restaurant de l'hôtel Léopold où il sera, 5 ________________ , plus aisé de parler affaires.

J'ai par ailleurs quelques idées à vous soumettre en ce qui concerne le marketing par téléphone.

Je suis sûr que la présentation de vos modèles au salon de Bruxelles 6 ________________ un vif succès 7 ________________ du public.

Cordialement,

Rainer Fels

▶ E-Mail 5: Lösung auf Seite 160

Rekonstruieren Sie Herrn Fels' Zusage mit folgenden Wendungen:

1 *Sich bedanken:*
Je suis reconnaissant
Je vous remercie
Merci bien

2 *Bestätigen:*
Je voudrais vous informer
Je tiens à vous confirmer
Je peux affirmer

3 *Zur Verfügung stehen:*
je serai à votre service
je serai prêt
je serai disponible

4 *„ich nehme Ihren Vorschlag an":*
j'accepte votre proposition
je suis d'accord avec votre suggestion
j'accepte votre recommandation

5 *„in der Tat":*
en réalité
en effet
sur le fait

6 *Welche Verbform ist richtig?*
rencontrât
rencontrerait
rencontrera

7 *Welche Präposition ist richtig?*
auprès
chez
près

Einen Termin verschieben

Herr Fels kommt später in Brüssel an als geplant. Er versucht, seinen Termin mit Frau Fosset zu verschieben.

Chère Madame,

J'ai bien reçu votre e-mail 1 ________________ et vous en remercie.

2 ________________ de devoir vous informer que je ne serai pas disponible le mercredi 3 mars au soir. En effet, je n' 3 ________________ à Bruxelles que le 4 mars au matin.

4 ________________ à ce que 5 ________________ le rendez-vous au lendemain ?
6 ________________ cela vous sera possible et ne perturbera pas trop votre emploi du temps.

Je vous remercie d'avance de votre réponse.

Cordialement,

Rainer Fels

▶ E-Mail 6: Lösung auf Seite 160

Wie würde Herr Fels das Schreiben formulieren?

1 *„vom 10. dieses Monats":*
du 10 courant
au 10 du mois
au 10 de ce mois

2 *Bedauern ausdrücken:*
Excusez-moi
Je suis très triste
Je regrette beaucoup

3 *Welche Verbform ist richtig?*
arriverais
arriverai
arrivais

4 *„Hätten sie etwas dagegen einzuwenden?"*
Avez-vous une objection
Voyez-vous un désagrément
Verriez-vous un inconvénient

5 *Einen Termin verschieben:*
nous différions
nous ajournons
nous reportions

6 *Eine Hoffnung ausdrücken:*
J'espère que
Mon espoir est que
J'ai bon espoir que

Textbausteine

Einen Termin bestätigen

Je tiens à vous confirmer que...	Hiermit möchte ich Ihnen bestätigen, dass ...
C'est avec plaisir que j'accepte votre invitation.	Gerne nehme ich Ihre Einladung an.
Je vous confirme notre rendez-vous du...	Ich bestätige Ihnen unseren Termin vom ...
Je vous confirme que je serai disponible le...	Ich bestätige Ihnen, dass ich Ihnen am ... zur Verfügung stehe.

Einen Termin verschieben

Je regrette beaucoup de devoir vous informer que...	Ich bedauere sehr, Ihnen mitteilen zu müssen, dass ...
Je ne serai pas disponible ce jour là.	An dem (fraglichen) Tag habe ich leider keine Zeit.
Je propose / suggère que nous remettions / reportions le rendez-vous à la semaine suivante.	Ich schlage vor, das Treffen auf die darauf folgende Woche zu verlegen.
Je suis malheureusement obligé/e de reporter la date de notre rendez-vous en raison d'un voyage d'affaires / d'un problème avec...	Leider bin ich wegen einer Geschäftsreise / eines Problems mit ... gezwungen, den Termin unseres Treffens zu verlegen.
Malheureusement je serai à l'étranger pendant deux semaines ; c'est pourquoi je propose de vous contacter dès mon retour pour fixer un nouveau rendez-vous.	Leider werde ich für zwei Wochen außer Landes sein und möchte deshalb vorschlagen, dass ich mich nach meiner Rückkehr wegen eines neuen Termins mit Ihnen in Verbindung setze.

Je vous serais reconnaissant/e de bien vouloir ajourner/reporter notre rendez-vous.	Ich wäre Ihnen dankbar, unser Treffen zu verschieben.
Verriez-vous un inconvénient à ce que nous reportions / déplacions le rendez-vous à 16 heures du même après-midi ?	Hätten Sie etwas dagegen, dass wir das Treffen auf 16 Uhr am selben Nachmittag verlegen?
Veuillez m'excuser de ce contre-temps.	Für etwaige Unannehmlichkeiten möchte ich mich entschuldigen.
J'espère que cela ne perturbera pas votre emploi du temps.	Ich hoffe, dies wird Ihren Terminplan nicht allzu sehr durcheinanderbringen.

Einen Termin absagen

A mon grand regret, je suis obligé/e d'annuler notre prochaine rencontre en raison d'un problème survenu à notre bureau de Potsdam.	Zu meinem (größten) Bedauern bin ich gezwungen, unser nächstes Treffen abzusagen, da in unserem Potsdamer Büro ein Problem aufgetreten ist.
Je regrette de ne pas pouvoir me rendre à notre rendez-vous du mardi 4 mai en raison de...	Leider kann ich wegen ... nicht den Termin einhalten, den wir für Dienstag, den 4. Mai vereinbart haben.
Je vous prie de m'excuser pour le désagrément que cela vous causera.	Ich bitte Sie, die Ihnen hierdurch entstehenden Unannehmlichkeiten zu entschuldigen.

Anmerkungen

- Wenn Sie sich auf einen vorausgegangenen Brief beziehen, der im selben Monat geschickt wurde, können Sie Folgendes schreiben:
  J'ai bien reçu votre lettre du 5 courant / dernier...
- Eine Begründung muss nicht immer mit **parce que** formuliert werden; einfacher ist es oft, **en raison de / à cause de** + Substantiv zu benutzen:
  En raison d'une réunion de travail... – *Wegen einer Arbeitssitzung ...*
  A cause d'un voyage d'affaires... – *Wegen einer Geschäftsreise ...*
- Eine Begründung kann auch mit **en effet** eingeführt werden:
  En effet, je n'arriverai que le 4 mars.
  Aber **en effet** bedeutet auch *in der Tat:*
  Il sera, en effet, plus aisé de parler affaires.
- Vergessen Sie nicht die Präposition **à** in dem Ausdruck **répondre à une lettre** – *einen Brief beantworten.*
- Merken Sie sich, dass die Ausdrücke **je suis sûr/e que, je suis certain/e que** nur dann den **Subjonctif** nach sich ziehen, wenn sie verneint werden:
  Je suis sûr/e que vous rencontrerez un vif succès.
  Je ne suis pas sûr/e que cette offre soit avantageuse.

- Wollen Sie sehr höflich eine Frage stellen oder um etwas bitten, verwenden Sie den Konditional: **Verriez-vous un inconvénient à ce que..., Pourriez-vous nous adresser..., Auriez-vous la gentillesse de...**
- Das Verb **remercier** wird entweder von der Präposition **de** oder **pour** gefolgt. Im Allgemeinen wird aber **de** benutzt:
  Nous vous remercions de votre attention...

Sie sind dran!

1 Terminbestätigung

J'ai bien 1 ______________ votre lettre du 6 2 ______________ et vous en remercie. Je tiens à 3 ______________ notre rendez-vous du 20 mai à 9 heures dans notre entreprise (salle de réunion No 10, premier étage).

2 Terminabsage

Je vous 1 ______________ votre lettre du 12 courant. A mon 2 ______________, je dois 3 ______________ notre prochaine réunion, 4 ______________ d'un très grave problème 5 ______________ dans notre filiale à Liège.

3 Bitte um Terminverschiebung

Malheureusement je ne serai pas 1 ______________ à la date que vous proposez. 2 ______________ un inconvénient à ce que nous 3 ______________ le rendez-vous à une date ultérieure à savoir le 30 octobre à 10 heures ? Je vous 4 ______________ de ce contretemps.

▶ Lösung auf Seite 169

Lerntipps

- Wenn Sie Fortschritte machen wollen, ist regelmäßiges Training wichtig. Nehmen Sie sich dabei aber nicht zu viel vor. Lieber häufig und kurz üben, d. h. lieber 15 Minuten pro Tag als 3 Stunden auf einmal pro Woche!
- Bei den Textbausteinen werden Sie feststellen, dass einige Wendungen sich nicht Wort für Wort übersetzen lassen. Jede Sprache hat ihre Besonderheiten. Nehmen Sie sie einfach, wie sie ist!

5 Informationen einholen

Herr Osborn besitzt in Hereford ein großes Lederwarengeschäft. Er möchte sein Programm erweitern und wendet sich an die Firma Bocuir, um Unterlagen zu ihren Produkten anzufordern.

Envoyé: jeudi 20 février 20...
De: osborn@leather.com
A: info@etsbocuir.fr
Objet: **demande d'informations**

1 ________________ ,

Votre publicité, parue dans « Le Monde » du 18 février, 2 ________________ .
Je souhaiterais donc 3 ________________ concernant vos modèles.

4 ________________ de diversifier davantage la gamme de nos produits, 5 ________________ actuellement de nouveaux fournisseurs. C'est pourquoi je vous serais reconnaissant de me faire parvenir votre catalogue 6 ________________ les prix en vigueur et les conditions de livraison.

7 ________________ livrer à des prix concurrentiels, 8 ________________ à vous passer très prochainement une commande d'essai.

9 ________________ d'une prompte réponse de votre part, 10 ________________ ,

Roger Osborn
Gérant

The Leather Shop
22 Brockington Road
Hereford HRI 18B

Tel +44 (1432) 273712
Fax +44 (1432) 737121
E-mail : osborn@leather.com

▶ E-Mail 7: Lösung auf Seite 160

Rekonstruieren Sie Herrn Osborns Brief mit Hilfe nachstehender Ausdrücke:

1 *Die Anrede:*
Cher Monsieur
Messieurs
Madame

2 *Interesse zeigen:*
m'a tout à fait conquis
m'a vivement intéressé
m'a absolument ravi

3 *Weitere Informationen anfordern:*
recevoir de plus amples informations
avoir des détails supplémentaires
obtenir des renseignements détaillés

4 *Welche Verbform ist richtig?*
Ayant eu l'intention
En ayant l'intention
Ayant l'intention

5 *„ich suche nach":*
je recherche
je retrouve
je cherche

6 *„sowie":*
et
et en plus
ainsi que

7 *„Wenn Sie in der Lage sind":*
Si vous pouvez
Si vous êtes en position de
Si vous êtes en mesure de

8 *„ich werde bereit sein":*
je disposerai
je serai disposé
je me disposerai

9 *„In Erwartung":*
Dans l'attente
Merci par avance
Veuillez donner

10 *Grußformel:*
Sentiments distingués
Cordiales salutations
Mes hommages

Textbausteine

Auf erste Kontakte oder Werbeanzeigen Bezug nehmen

J'ai récemment visité votre stand à la foire de...	Kürzlich besuchte ich Ihren Stand auf der ... Messe ...
Après avoir visité...	Nachdem ich ... besucht habe, ...
Ayant récemment visité vos salles d'exposition...	Als ich vor kurzem Ihre Ausstellungsräume besuchte, ...
Ayant récemment assisté à une réunion...	Als ich kürzlich an einer Sitzung teilnahm, ...
Votre annonce / offre a retenu notre attention.	Ihre Anzeige / Ihr Angebot hat unsere Aufmerksamkeit erregt.
Votre publicité, parue dans « L'Express » du 18 juin, m'a vivement intéressé/e.	Ihre Anzeige in „L'Express" vom 18. Juni hat mich besonders interessiert.
Nous devons votre adresse à M. Dupont.	Ihre Adresse verdanken wir Herrn Dupont.
Mme Lebeau m'a donné votre nom.	Frau Lebeau nannte mir Ihren Namen.

Interesse an etwas äußern

J'ai été très impressionné/e par...	Ich war sehr beeindruckt von ...
C'est avec grand intérêt que j'ai vu / entendu dire / appris que...	Es interessierte mich sehr zu sehen / hören / erfahren, dass ...
Nous nous intéressons beaucoup / particulièrement à...	Wir sind sehr / besonders an ... interessiert.
Etant donné mon intérêt pour...	Da ich mich für ... interessiere, ...
Nous recherchons des fournisseurs potentiels de...	Wir suchen nach potenziellen Lieferanten für ...
Pourriez-vous me dire si... ?	Könnten Sie mir sagen, ob ...?
Je souhaiterais savoir si...	Ich möchte wissen, ob ...
J'aimerais savoir si... ou si...	Ich wüsste gern, ob ... oder ...

Einen potenziellen Markt aufzeigen

Il y a de bonnes perspectives pour ce produit.	Dieses Produkt hat gute Marktchancen.
Le marché pour... est prometteur.	Für ... existiert ein vielversprechender Markt.
Il y a un marché potentiel pour...	Der Markt für ... ist sehr entwicklungsfähig.
Il existe une forte demande en...	Es herrscht eine starke Nachfrage nach ...
Il y a une demande croissante pour...	Es herrscht eine wachsende Nachfrage nach ...
Les ventes sont excellentes dans ce domaine.	Auf diesem Gebiet sind hervorragende Verkaufszahlen zu verzeichnen.
De plus en plus de nos clients fidèles s'intéressent à ce type de produits.	Eine ständig wachsende Zahl unserer Stammkunden zeigt Interesse an diesem Produkt(typ).
Notre groupe est actuellement en pleine expansion.	Unser Konzern expandiert zurzeit.
Il s'avère que nous avons besoin d'élargir notre domaine d'intervention.	Es zeigt sich, dass wir unser Verkaufsgebiet ausdehnen müssen.
Nous avons l'intention d'étendre nos activités / de diversifier la gamme de nos produits.	Wir haben die Absicht, unsere Aktivitäten auszudehnen / unsere Produktpalette zu erweitern.

Unterlagen, Informationen anfordern

Pourriez-vous nous envoyer sans engagement de notre part...	Könnten Sie uns bitte unverbindlich ... schicken.
Merci de bien vouloir nous envoyer...	Würden Sie uns freundlicherweise ... schicken.
Nous vous prions de nous adresser / transmettre votre dernier / nouveau catalogue.	Wir bitten Sie, uns Ihren neuen Katalog zuzusenden.
Nous souhaiterions recevoir de plus amples renseignements concernant...	Wir würden gern weitere Auskünfte über ... erhalten.

Nous aimerions...	Wir hätten gern ...
un dépliant sur...	einen Prospekt über ...
des informations sur...	Informationen über ...
un devis pour...	einen Kostenvoranschlag über ...
de la documentation sur...	Unterlagen über ...
des précisions sur...	weitere Informationen über ...
des échantillons de...	Muster / Proben von ...

Den Inhalt der Unterlagen angeben

un catalogue détaillé	ein detaillierter Katalog
une brochure	eine Broschüre
avec les tarifs	mit Preisen
comprenant des illustrations et des échantillons	mit Abbildungen und Mustern
présentant les tarifs et les coloris	mit Preisen und Farbskalen
une estimation	eine Schätzung
une liste des prix	eine Preisliste

Fracht- und Versicherungskosten erfragen

Veuillez nous indiquer...	Bitte nennen Sie uns ...
... le montant du fret en vigueur pour le transport par avion / bateau / train / route.	... den derzeit geltenden Beförderungspreis für Luftfracht / Seefracht / Bahnfracht / Straßentransport.
... vos prix de fret aérien les plus intéressants pour l'envoi de... de Paris à Berlin.	... Ihre günstigsten Luftfrachtkosten für ... von Paris nach Berlin.
... le montant des frais d'expédition et d'assurance pour un chargement de livres mesurant 2 x 1 m et pesant 200 kg.	... die Kosten für Transport und Versicherung einer Büchersendung mit den Maßen 2 x 1 m und einem Gewicht von 200 kg.

Zusätzlich um etwas bitten

D'autre part, nous aimerions...	Darüber hinaus hätten wir gern ...
Par ailleurs, nous souhaiterions...	Zusätzlich hätten wir gern ...
Nous voudrions aussi...	Wir hätten außerdem gern ...
Nous souhaitons non seulement des ordinateurs mais aussi des logiciels.	Wir wünschen nicht nur Computer, sondern auch Software.
de même qu'un catalogue	sowie einen Katalog
ainsi que...	sowie / zusammen mit ...
en plus de...	zusätzlich zu ...

Leistungen erfragen

Je voudrais savoir si votre société pourrait...	Ich wüsste gern, ob Ihre Firma ... könnte.
Serait-il possible pour votre maison de... ?	Wäre es Ihrer Firma möglich ...?
Votre entreprise serait-elle en mesure de... ?	Könnte Ihre Firma / Wäre Ihre Firma in der Lage ...?

Anforderungen entsprechen

satisfaire à cette demande	diesen Anforderungen entsprechen
satisfaire à ces exigences	diese Anforderungen erfüllen
pourvoir à mes besoins	meine Bedürfnisse befriedigen

Um eine Antwort bitten

Veuillez informer ma secrétaire...	Bitte informieren Sie meine Sekretärin ...
Veuillez vous mettre en contact avec... / Veuillez contacter...	Bitte setzen Sie sich mit ... in Verbindung.
Nous vous remercions d'avance de la rapidité de votre réponse.	Im Voraus danken wir Ihnen für eine rasche Antwort.
Nous serions heureux de recevoir le plus rapidement possible votre catalogue / devis.	Wir würden uns über die schnellstmögliche Zusendung Ihres Katalogs / Kostenvoranschlags freuen.
Veuillez envoyer votre réponse à...	Bitte senden Sie Ihr Antwortschreiben an ...
Veuillez répondre...	Bitte antworten Sie ...
aussitôt que possible.	so schnell wie möglich.
dans les plus brefs délais.	umgehend.
par retour du courrier.	umgehend / postwendend.

Anmerkungen

- Seriöse Firmen suchen selbstverständlich seriöse Lieferanten, deshalb sagt man **rechercher des fournisseurs** und nicht „chercher“:
  chercher - *suchen*, **rechercher** - *mit Sorgfalt suchen*.
- Höflichkeit ist eine Bedingung, um gute Geschäfte zu machen. Deshalb: **veuillez nous contacter** und nicht „contactez-nous“; diese Befehlsform wäre sehr trocken in Briefen, sie ist jedoch in Anzeigen geläufig.
- **Vivement intéressé/e par...** aber: **je m'intéresse beaucoup à...**
- **Visiter** - *besichtigen / besuchen* wird nicht in Zusammenhang mit Personen benützt.
  Deshalb: **Nous avons visité l'exposition / votre stand à la foire de Paris.**
  Aber: **Nous avons rendu visite à notre client. / Nous sommes allés voir notre client.**

Sie sind dran!

1 Die folgende Anzeige erweckt Ihr Interesse. Fordern Sie Unterlagen und Muster an.

Nous aimons la nature :

nous ne fabriquons que des parfums et eaux de toilettes naturels - sans ingrédients chimiques. N'hésitez pas. Contactez-nous pour recevoir catalogue et échantillons.

Parfnat, 3 av. Beauté, 11500 Quillan.

2 Vervollständigen Sie nun diese Anforderung allgemeiner Informationen.

Votre annonce parue dans « Le Capital » du 21 janvier 1 ________________ sur vos produits. C'est pourquoi 2 ________________ une documentation 3 ________________ des illustrations et vos prix. D'avance, 4 ________________ .

3 Diese Anfrage ist schon etwas detaillierter. Ergänzen Sie!

1 ________________ à M. Batno, l'un de vos clients. Comme 2 ________________ notre domaine d'intervention, nous 3 ________________ des informations sur votre matériel quincaillerie. 4 ________________ un catalogue détaillé de vos articles et nous communiquer 5 ________________ par train pour l'envoi de 100 kilos de clous de Bonn à Rouen ?

▶ Lösung auf Seite 169

6 Eine Bestellung aufgeben

Herr Osborn hat von Frau Leroux, der Leiterin der Verkaufsabteilung von Bocuir, ein sehr interessantes Angebot erhalten. Er gibt also eine Bestellung auf.

22 Brockington Road I Hereford HRI 18B
Tel. : +44 (1432) 273712 I Fax: +44 (1432) 737121
e-mail: osborn@leather.com

Ets Bocuir & Fils
A l'attention de Madame Leroux
2 rue Thumesnil
59000 Lille Cedex

Hereford, le 8 mars 20...

Madame,

J'ai bien reçu votre catalogue et **1** ________________ et de livraison. Je vous remercie de la rapidité de cet envoi.

Après examen, certains de vos articles ont **2** ________________ retenu mon attention. En conséquence, **3** ________________, **4** ________________ ci-après :

Désignation	Référence	Quantité	Prix unitaire	Montant
porte-documents	602 N	10	35 €	350 €
valise à roulettes	604 A	6	110 €	660 €
sac polochon	360 D	20	87 €	1.740 €
sac féminin	103 C	10	51 €	510 €

Afin d'élargir très rapidement mon programme, je souhaiterais que la livraison me **5** ________________ **6** ________________ .

7 ________________ s'il vous sera possible de **8** ________________ .

9 ________________ comme vous le souhaitez, **10** ________________ .

Si cette livraison me donne satisfaction, je serai prêt à vous passer d'autres commandes.

Je vous suis d'avance très reconnaissant de votre obligeance et vous prie de croire, Madame, à l'expression de mes sentiments distingués.

R. Osborn

Roger Osborn
Le Gérant

▶ Brief 8: Lösung auf Seite 160

Geben Sie mit Hilfe folgender Begriffe die Bestellung auf:

1 *„Ihre Verkaufsbedingungen“:*
vos modes de vente
vos propositions de vente
vos conditions de vente

2 *„besonders“:*
particulièrement
principalement
spécialement

3 *„probeweise“:*
à titre d'essai
en tant qu'essai
comme épreuve

4 *eine Bestellung aufgeben:*
j'ordonne la commande
je prends l'ordre
je vous passe la commande

5 *Welche Verbform ist richtig?*
parvienne
parviendra
parvient

6 *„vor Ende des Monats“:*
avant la fin du mois
à la fin de ce mois
depuis la fin du mois

7 *Um eine Information bitten:*
Faites-moi savoir
Veuillez me faire savoir
Veuillez m'annoncer

8 *„diese Frist einhalten“:*
tenir cet engagement
observer l'échéance
respecter ce délai

9 *Die Rechnung zahlen:*
Je réglerai la note
Je payerai l'addition
Je réglerai votre facture

10 *„nach Erhalt der Ware“:*
dès l'envoi de la commande
dès réception de la marchandise
dès expédition des produits

Textbausteine

Eine Bestellung aufgeben

commander	bestellen / ordern
passer une commande	eine Bestellung aufgeben
Nous souhaitons passer une commande de...	Wir möchten bei Ihnen eine Bestellung über ... aufgeben.
Nous vous prions de bien vouloir envoyer les marchandises ci-dessous nommées.	Bitte schicken Sie uns die nachstehend genannten Waren.
Veuillez nous envoyer / fournir / expédier...	Bitte schicken Sie uns / beliefern Sie uns mit ...
Veuillez trouver ci-joint notre commande.	Wir fügen unsere Bestellung bei.
Nous vous adressons ci-joint une commande ferme.	Wir übersenden Ihnen anbei einen verbindlichen Auftrag.
Nous passons, à titre d'essai, la commande ci-après :	Wir erteilen Ihnen den nachstehenden Probeauftrag:
Comme suite à votre offre, vous trouverez ci-joint notre commande de...	Wir beziehen uns auf Ihr Angebot und fügen unsere Bestellung über ... bei.

Einen Liefertermin nennen

Nous vous serions reconnaissants de nous livrer avant le...	Für eine Lieferung bis zum ... wären wir Ihnen dankbar.
Veuillez nous confirmer la livraison de la marchandise à la date souhaitée.	Bitte bestätigen Sie uns die Lieferung der Waren zum gewünschten Termin.
Nous vous remercions de nous livrer dans les plus brefs délais.	Für eine umgehende Lieferung wären wir Ihnen dankbar.
Nous comptons sur une livraison rapide de ces articles.	Wir rechnen mit einer raschen Lieferung dieser Artikel.
Nous vous prions d'effectuer la livraison immédiatement / d'ici la fin du mois.	Wir bitten Sie, uns sofort / bis Ende des Monats zu beliefern.
Nous vous demandons de respecter le délai de livraison.	Wir bitten Sie, die Lieferfrist einzuhalten.

Der Bestellschein

commande numéro / commande Nº	Bestellnummer / Bestell-Nr.
Veuillez écrire en caractères d'imprimerie.	Bitte in Blockschrift schreiben.
Veuillez envoyer ce bon de commande ainsi que votre règlement à...	Bitte schicken Sie diesen Bestellschein zusammen mit Ihrer Überweisung an ...
Un double de la facture devra être joint au paquet.	Eine Rechnungskopie sollte dem Paket beigefügt werden.
Veuillez rappeler ce numéro dans toute votre correspondance.	Bitte geben Sie diese Nummer in allen Ihren Schreiben an.

Um eine Auftragsbestätigung bitten

Veuillez accuser réception de cette commande par retour du courrier.	Bitte bestätigen Sie diesen Auftrag umgehend.
Veuillez confirmer la réception de cette commande.	Bitte bestätigen Sie den Eingang dieser Bestellung.
Veuillez signer le double de cette commande et nous le renvoyer pour accusé de réception.	Bitte unterschreiben Sie das Doppel dieser Bestellung und schicken Sie es uns als Bestätigung zurück.

Ein Angebot ablehnen

Après examen, il semble que vos produits / articles ne correspondent pas à notre attente.	Die Prüfung Ihrer Produkte / Artikel hat gezeigt, dass sie unseren Erwartungen nicht entsprechen.
Nous avons constaté que les échantillons envoyés ne correspondaient pas à la qualité attendue pour nos produits.	Wir haben festgestellt, dass die zugeschickten Muster nicht der für unsere Produkte erwarteten Qualität entsprechen.

Nous pensons malheureusement que vos produits ne correspondent pas aux exigences requises. Nous ne passerons donc aucune commande.	Wir glauben leider, dass Ihre Produkte nicht den Anforderungen entsprechen. Wir werden deshalb von einer Bestellung absehen.
Je crains que vos produits ne soient pas conformes aux normes techniques prescrites pour la vente dans notre pays.	Ich fürchte, Ihre Produkte erfüllen nicht die erforderlichen technischen Voraussetzungen für den Verkauf in unserem Land.
Je crains que vos tarifs ne soient pas compétitifs dans notre pays.	Ich fürchte, Ihre Preise sind in unserem Land nicht wettbewerbsfähig / konkurrenzfähig.

An eine fällige Lieferung erinnern

En ce qui concerne notre commande N°...	Bezüglich unserer Bestellung Nr. ...
Nous désirons vous rappeler que notre commande N°... n'a toujours pas été livrée.	Wir möchten Sie daran erinnern, dass unsere Bestellung Nr. ... noch nicht geliefert wurde.
Pourriez-vous nous communiquer par retour du courrier la date de la livraison ?	Könnten Sie uns bitte umgehend den Liefertermin mitteilen?
Veuillez régler ce problème le plus vite possible.	Bitte erledigen Sie diese Angelegenheit schnellstmöglich.
Nous vous remercions d'accorder toute votre attention à ce problème.	Wir danken Ihnen für die eingehende Prüfung dieses Problems.

Eine Bestellung abändern oder stornieren

Nous souhaiterions annuler notre commande N°... pour cause de...	Wir möchten unsere Bestellung Nr. ... stornieren aufgrund ...
Par suite de circonstances imprévues, notre commande doit être réduite / complétée.	Aufgrund unvorhergesehener Umstände muss unsere Bestellung reduziert / ergänzt werden.
Nous souhaiterions, en conséquence, commander..., au lieu de...	Deshalb möchten wir ... statt ... bestellen.
En raison de..., il s'avère que nous sommes contraints de modifier notre commande de..., référence...	Wegen ... sind wir gezwungen, unsere Bestellung über ... Bestell-Nr. ... zu ändern.
Si certains articles sont épuisés, veuillez nous soumettre votre tarif / vos prix pour des articles de remplacement.	Sollten einzelne Posten / Teile nicht vorrätig sein, schicken sie bitte Ihre Preise für vergleichbare Artikel.

Anmerkungen

- Vergessen Sie nicht, wie *eine Bestellung bei jemandem aufgeben* im Französischen ausgedrückt wird:
  passer (une) commande auprès de quelqu'un.
- Merken Sie sich, dass *bitte* oft auf Französisch mit **veuillez** wiedergegeben wird.
- *Folglich* können Sie auf verschiedene Weise ausdrücken:
  en conséquence, par conséquent, donc.
- Die Rechtschreibung der französischen Wörter ist manchmal verwirrend. Deshalb merken Sie sich: **l'envoi** aber **envoyer**, **l'essai** aber **essayer**.
- Verwechseln Sie nicht **ci-joint** - *anbei*, **ci-après** - *nachstehend*, **ci-dessous** - *unten genannt*, **ci-dessus** - *oben genannt*, **ci-contre** - *nebenstehend*.
- Verben, die einen Willen zum Ausdruck bringen, lösen den **Subjonctif** aus:
  Je souhaiterais que la livraison me parvienne rapidement.
  Nous aimerions que la livraison de la marchandise soit effectuée avant le 2 mai.
  Beachten Sie aber, dass nach **j'espère que** der Indikativ steht.

Sie sind dran!

1 Füllen Sie die Lücken in dieser Bestellung:

Comme suite à 1 ______________, vous trouverez 2 ______________ notre commande de café. Nous comptons sur 3 ______________ de ces articles et vous en remercions d'avance.

2 Auch diese ausführlichere Bestellung muss noch vervollständigt werden!

Nous 1 ______________ le 9 juin dernier votre catalogue et vous en remercions. Après étude, deux de vos articles 2 ______________ notre attention. Nous vous prions de 3 ______________ les modèles suivants :

- 60 chemises, référence 0101
- 60 cravates, référence 0201

Nous vous serions reconnaissants 4 ______________ avant le 30 juin. Veuillez 5 ______________ de cette commande par 6 ______________ courrier.

3 Hier wird von einer Bestellung abgesehen:

Nous avons bien reçu vos échantillons et vous 1 ______________ . Mais malheureusement vos produits 2 ______________ aux exigences requises. Nous 3 ______________ aucune commande.

4 Am 5. November haben Sie 20 Regenschirme (**parapluies**) Modell „Déluge" bei Ihrem Vertreter bestellt. Da die Nachfrage sehr groß ist, möchten Sie Ihre Bestellung abändern. Sie bestellen statt 20 Stück 40 und bitten um eine sehr schnelle Lieferung.

▶ Lösung auf Seite 170

Lerntipps

- Wenn Sie neue Ausdrücke lernen, lesen Sie sie mehrmals laut und schreiben Sie sie mehrmals auf. Versuchen Sie, sie bei geschlossenem Buch aufzulisten.
  Nehmen Sie sich auch hier nicht zu viel vor! Als Faustregel gilt: Lernen Sie 5 bis 7 Wörter oder kurze Ausdrücke auf einmal.

7 Bestellungen beantworten

Frau Leroux bestätigt den Auftragsbrief von Herrn Osborn. Leider muss sie ihm mitteilen, dass ein Artikel nicht sofort lieferbar ist.

Envoyé: mercredi 12 mars 20...
De: s.leroux@etsbocuir.fr
A: osborn@leather.com
Objet: **commande du 8 mars 20...**

Monsieur,

1 ________________ votre commande du 8 mars et vous en remercions.

Cependant 2 ________________ vous signaler qu'à la suite d'un afflux de commandes, 3 ________________ de vous livrer les sacs polochon, référence 602 D, d'ici la fin du mois. 4 ________________ dès le 5 avril.

Les autres articles pourront 5 ________________ immédiatement par fret aérien.

6 ________________ donc 7 ________________ après votre accord.

Nous espérons que, 8 ________________, vous nous accorderez toute votre confiance. Soyez assuré que nous apporterons tous nos soins à 9 ________________.

Dans l'attente de votre réponse, recevez 10 ________________,

Sylvie Leroux
Service des ventes

Ets Bocuir & Fils
2 rue Thumesnil
59000 LILLE Cedex

Tel. : 03.38.37.02.25
Fax : 03.38.47.12.26
E-mail : s.leroux@etsbocuir.fr

▶ E-Mail 9: Lösung auf Seite 161

Gestalten Sie mit Hilfe folgender Elemente die Auftragsbestätigung:

1 *Einen Auftrag bestätigen:*
Nous avons bien passé
Nous avons bien enregistré
Nous avons bien remis

2 *„es liegt uns daran“:*
nous tenons à
nous vous retenons à
il est important de

3 *„wir werden nicht in der Lage sein“:*
nous ne serons pas capables
nous ne pourrons pas
nous ne serons pas en mesure

4 *„Sie werden lieferbar sein“:*
Ils seront délivrés
Ils sont livrés
Ils seront livrables

5 *„versendet werden“:*
être expédiés
être adressés
être transmis

6 *„Wir werden ausführen“:*
Nous ferons
Nous réaliserons
Nous effectuerons

7 *„diese Lieferung“:*
cette fourniture
cette livraison
cette livrée

8 *„trotz dieser Verzögerung“:*
malgré cet obstacle
malgré ce contretemps
en dépit de cette difficulté

9 *„die Ausführung Ihrer Bestellung“:*
la réalisation de votre ordre
l'accomplissement de votre ordre
l'exécution de votre commande

10 *Grußformel:*
nos sincères salutations
nos sentiments dévoués
notre parfaite considération

Textbausteine

Einen Auftrag bestätigen

Nous vous remercions de votre commande.	Wir danken (Ihnen) für Ihre Bestellung.
Nous accusons réception de votre commande Nº 132.	Wir bestätigen den Erhalt Ihrer Bestellung Nr. 132.
Nous avons bien reçu votre commande et vous en remercions.	Wir bestätigen dankend den Eingang Ihrer Bestellung.
Nous avons enregistré votre commande de...	Wir haben Ihre Bestellung über ... aufgenommen / notiert.
Nous joignons le double dûment signé en accusé de réception de votre commande.	Wir fügen das ordnungsgemäß unterzeichnete Doppel zur Bestätigung Ihrer Bestellung bei.

Die Ausführung einer Bestellung bestätigen

Nous avons le plaisir de vous confirmer que...	Wir freuen uns, Ihnen bestätigen zu können, dass ...
Nous pourrons effectuer votre commande dans les délais prévus.	Wir können Ihre Bestellung in der vorgesehenen Zeit ausführen.
Nous vous livrerons ces articles dans les délais préalablement fixés.	Wir werden Ihnen diese Artikel in der festgesetzten Frist liefern.
Selon votre désir la livraison sera effectuée avant le... *(date)*.	Die Lieferung wird wunschgemäß bis zum ... *(Datum)* erfolgen.
Nous allons exécuter votre commande portant sur... dans les plus brefs délais.	Wir werden Ihren Auftrag über ... schnellstens aus- / durchführen
Nous pourrons vous livrer sous huitaine / dans quinze jours.	Wir können Sie innerhalb einer Woche / in 14 Tagen beliefern.
Nous vous confirmons la livraison avant la fin du mois.	Wir bestätigen, dass wir vor Monatsende liefern können.
Les marchandises commandées peuvent vous être livrées immédiatement.	Die bestellten Waren können sofort geliefert werden.
Nous vous informerons dès que la marchandise sera prête pour l'expédition.	Wir werden Sie informieren, sobald die Lieferung versandfertig ist.

Eine Verzögerung ankündigen

Nous vous informons que votre commande ne nous est parvenue que le...	Wir möchten Ihnen mitteilen, dass uns Ihre Bestellung erst am ... erreicht hat.
Il nous faudra un délai de... jours pour exécuter cette commande.	Zur Bearbeitung dieser Bestellung benötigen wir ... Tage.

Je regrette de devoir vous informer que suite à un fâcheux contretemps la livraison ne pourra être effectuée qu'à partir du... / que dans une semaine.	Ich muss Ihnen leider mitteilen, dass die Lieferung wegen einer bedauerlichen Verzögerung erst ab dem ... / erst in einer Woche erfolgen kann.
Nous tenons à vous signaler que, pour des raisons techniques, nous ne serons pas en mesure de vous livrer dans les délais convenus.	Es liegt uns daran, Ihnen mitzuteilen, dass wir aus technischen Gründen nicht in der Lage sein werden, die Waren in der vereinbarten Frist zu liefern.
Nous sommes au regret de devoir vous communiquer un retard de livraison.	Wir bedauern, Ihnen mitteilen zu müssen, dass sich die Auslieferung verzögert hat.
Par suite de... / En raison de... nous ne serons pas en mesure de livrer votre commande N° 12 avant le 7 juin.	Wegen / Aufgrund ... sind wir nicht in der Lage, Ihre Bestellung Nr. 12 vor dem 7. Juni auszuführen.
Sauf contrordre de votre part, nous considérons que votre commande est maintenue.	Falls wir nichts Gegenteiliges von Ihnen hören, nehmen wir an, dass die Bestellung weiterhin gültig ist.

Schwierigkeiten einräumen

Nous regrettons de devoir vous informer que les marchandises commandées ne sont pas / ne sont plus disponibles.	Es tut uns leid, Ihnen mitteilen zu müssen, dass die bestellten Waren nicht / nicht mehr vorrätig sind.
Malheureusement...	Bedauerlicherweise / Leider ...
Je crains que votre commande ne se soit égarée.	Ich fürchte, Ihre Bestellung ist verloren gegangen.
Pourriez-vous nous adresser un double de votre commande ?	Könnten Sie uns ein Doppel / eine Kopie Ihrer Bestellung schicken?

Einen Ersatz anbieten

Nous pourrions néanmoins vous offrir un produit analogue.	Wir könnten Ihnen jedoch einen Ersatzartikel anbieten.
Notre modèle N° 5 est très semblable.	Unser Modell Nr. 5 ist sehr ähnlich.
Ce produit présente les mêmes qualités / est de même qualité.	Dieses Produkt ist von gleicher Qualität.

Anmerkungen

- Wenn Sie einen Kunden auf etwas aufmerksam machen wollen, schreiben Sie nicht „Nous vous signalons que...“, sondern **Nous tenons à vous signaler que...** - dieser Satz ist viel höflicher. Denken Sie dabei an die Präposition **à**.
- Merken Sie sich die folgenden Wendungen:
  enregistrer une commande - *eine Bestellung aufnehmen*
  exécuter une commande - *eine Bestellung / einen Auftrag ausführen / erledigen*
  effectuer une livraison - *eine Lieferung aus- / durchführen*
- **Cependant, toutefois, néanmoins** drücken einen Vorbehalt aus:
  Cependant, nous souhaiterions...
  Toutefois, il serait préférable...
  Je dois néanmoins spécifier...
- Der Imperativ ist in Geschäftsbriefen zu vermeiden. Sie können ihn allerdings doch benutzen, wenn er keinen Befehl ausdrückt, z. B. in Wendungen wie:
  N'hésitez pas à nous contacter.
  Veuillez nous contacter.
  Soyez assuré/s du soin que nous apporterons à l'exécution de votre commande.
- Beachten Sie bei folgenden Zeiträumen die Unterscheidung:
  sous huitaine / dans les 8 jours bedeutet *innerhalb 8 Tagen*; **dans une semaine** bedeutet *in 8 Tagen*, d. h. eigentlich *innerhalb einer Woche / in 7 Tagen.*
  Genauso **dans les 15 jours**: Dies bedeutet nicht *innerhalb 15 Tagen,* sondern **dans les 2 semaines**, also *innerhalb 14 Tagen.* **Dans une quinzaine / dans quinze jours / dans 2 semaines** bedeutet *in 14 Tagen.*
- Die französische Grammatik ist mitunter tückisch! Achten Sie auf die folgenden Sätze:
  En espérant... / En vous remerciant..., nous vous prions d'agréer, Madame, nos salutations distinguées.
  Ein Gerundium ist nur möglich, wenn Neben- und Hauptsatz wie in diesem Fall dasselbe Subjekt haben: **en vous remerciant** = **nous vous remercions**.
  Daher wäre es falsch zu sagen: „En espérant recevoir une réponse..., veuillez...“
  Richtig ist: **En espérant recevoir une réponse..., nous vous prions...**

Sie sind dran!

1 Vervollständigen Sie die folgende Auftragsbestätigung.

Nous accusons 1 ________________ votre commande du 10 mai. Nous avons le plaisir de 2 ________________ que, selon votre désir, la livraison 3 ________________ avant le 30 mai.

2 Wie muss es in diesem Bestätigungsschreiben korrekt heißen?

Nous avons 1 ________________ votre commande Nº 54 et vous en remercions. Nous 2 ________________ dûment signé en accusé de réception. Nous vous confirmons que les articles commandés pourront vous 3 ________________ immédiatement.

3 Hier wird aufgrund von Lieferschwierigkeiten ein Ersatzartikel angeboten!

Je 1 ________________ de devoir vous communiquer que les articles commandés ne sont plus 2 ________________ . Nous pouvons néanmoins vous offrir 3 ________________ qui 4 ________________ même qualité et que nous pourrions 5 ________________ à la date souhaitée.

4 Teilen Sie einem Kunden mit, dass sich die Auslieferung der bestellten Waren aus technischen Gründen um 3 Wochen verzögern wird.

▶ Lösung auf Seite 170

8 Angebote, Kostenvoranschlag

Die Firma Bocuir möchte sich mit Farbdruckern ausstatten und hat natürlich mehrere Computerfirmen um ein Angebot gebeten. Sie hat ein besonders günstiges von Macinpel erhalten.

30 rue Emile Zola • 75015 Paris • Tél: 01 48 15 30 30 • Fax: 01 48 15 30 31

Ets Bocuir & Fils
2 rue Thumesnil
59000 Lille Cedex

Paris, le 20 mars 20...

Madame, Monsieur,

1 ____________ votre lettre du 15 mars, 2 ____________ par ce même courrier notre dernier catalogue ainsi que les prix courants de nos imprimantes.

Nous nous permettons 3 ____________ sur notre nouveau modèle, Colorrap, qui devrait répondre aux exigences de votre entreprise.

Colorrap, d'un maniement très simple, même pour les non-spécialistes, imprime directement et fidèlement votre document original en couleurs.

Si vous nous passez commande sous huitaine, vous pourrez profiter de notre offre promotionnelle particulièrement 4 ____________ : nous accordons actuellement 5 ____________ à nos clients, auxquels s'ajoutent 3% d'escompte 6 ____________.

Le paiement devra s'effectuer par virement bancaire.

La livraison se fait dans un délai de deux semaines. 7 ____________ et procédons à l'installation et à la mise en marche des appareils.

En cas d'incident technique, le personnel très compétent de notre service après-vente se rend chez vous dans les 8 heures qui suivent votre appel.

www.macinp.fr

Peut-être désirez-vous, afin de faciliter votre choix, que 8 ______________ chez vous une démonstration de nos appareils. Dans ce cas n'hésitez pas à nous contacter.

9 ______________ pour tous renseignements complémentaires et espérons vous compter très prochainement parmi nos clients.

Nous vous prions de croire, Madame, Monsieur, à l'expression de nos sentiments dévoués.

Service des Ventes
Daniel Denay

▶ Brief 10: Lösung auf Seite 161

Gestalten Sie mit Hilfe folgender Elemente das Angebot:

1 *„In Beantwortung":*
En réponse à
Pour répondre de
Répondant à

2 *„wir freuen uns, Ihnen ... zuzusenden":*
nous avons le plaisir d'insérer
nous avons la joie de vous donner
nous avons le plaisir de vous envoyer

3 *„Sie aufmerksam machen":*
de garder votre attention
d'attirer vos regards
d'attirer votre attention

4 *„günstig":*
propice
favorable
avantageuse

5 *„7 % Rabatt":*
7% de remise
7% d'abattement
7% de moins

6 *„bei sofortiger Zahlung":*
pour règlement rapide
en cas de paiement comptant
moyennant paiement anticipé

7 *„Wir liefern unentgeltlich":*
Nous livrons gracieusement
Nous livrerions gratis
Nous fournissons gratuitement

8 *Welche Verbform ist richtig?*
nous organisions
nous organisons
nous organiserons

9 *„Wir stehen Ihnen jederzeit zur Verfügung":*
Nous avons à votre disposition
Nous sommes toujours disposés
Nous restons à votre entière disposition

Kostenvoranschlag

Die Firma Bocuir hat sich sehr schnell entschieden und Macinpel um einen Kostenvoranschlag für 5 Kopierer gebeten, der Bocuir prompt zugeschickt wird.

30 rue Emile Zola • 75015 Paris • Tél: 01 48 15 30 30 • Fax: 01 48 15 30 31

Devis

Référence : 59C68j7
Date : 25 mars 20...
N° client : 0321568

Ets Bocuir & et Fils
2 rue Thumesnil
59000 Lille Cedex

Intitulé : Imprimantes couleurs

Quantité	Désignation	Prix unitaire HT	Prix total HT
5	Imprimante Colorrap, réf. 254	296,- €	1480,- €

Total Hors Taxe	1480,- €
TVA à 20%	296,- €
Total TTC en euros	**1776,- €**

Nous restons à votre disposition pour toute information complémentaire.
Cordialement,
Daniel Denay
service des ventes

Si ce devis vous convient, veuillez nous le retourner signé avec la mention :
"BON POUR ACCORD ET EXECUTION DU DEVIS"

Date : Signature :

Validité du devis : 3 mois
Conditions de règlement : 40% à la commande, le solde à la livraison

www.macinp.fr

Textbausteine

Unterlagen schicken

Faisant suite à votre demande du... nous avons le plaisir de vous adresser ci-joint...	Bezug nehmend auf Ihre Anfrage vom ..., freuen wir uns, Ihnen anbei ... zu senden.
Nous avons le plaisir de vous soumettre...	Wir freuen uns, Ihnen ... zur Ansicht vorlegen zu können.
notre dernier tarif	unsere aktuelle Preisliste
notre catalogue le plus récent	unseren neuesten Katalog
une offre détaillée pour les marchandises spécifiées	einen genauen Kostenvoranschlag über die angeführten Waren
Pour l'aménagement de vos bureaux, nous avons établi le devis suivant :	Für die Ausstattung Ihrer Büroräume haben wir folgenden Kostenvoranschlag erstellt:

Einen Rabatt oder Nachlass gewähren

Nous pouvons offrir une remise de 10% sur les commandes supérieures à 950 €.	Wir können 10 % Rabatt auf alle Bestellungen über 950 € gewähren.
Nous pouvons vous faire une offre ferme pour...	Wir können Ihnen ein verbindliches Angebot über / für ... machen.
Nous pouvons vous consentir une remise / un rabais de 10%.	Wir können Ihnen einen 10 %igen Rabatt einräumen / anbieten.
Vous bénéficierez d'une réduction de 10% sur votre commande initiale / le total de votre commande.	Auf Ihre Erstbestellung / den Gesamtbetrag Ihrer Bestellung gewähren wir einen Nachlass von 10 %.
Nous vous offrons ces produits à des conditions particulièrement avantageuses.	Wir bieten Ihnen diese Produkte zu besonders günstigen Konditionen an.
Vous pourrez profiter de notre offre promotionnelle très avantageuse.	Sie können unser besonders günstiges Werbeangebot in Anspruch nehmen.
Cette gamme bénéficie d'une offre spéciale de lancement.	Diese Serie ist zu einem besonderen Einführungspreis im Angebot.
Nous accordons un escompte de 10% pour règlement dans les 8 jours.	Wir gewähren bei Zahlung binnen 8 Tagen 10 % Skonto.
Cette offre exceptionnelle est valable jusqu'au 30 juin.	Dieses vorteilhafte Angebot gilt bis zum 30. Juni.

Auf einen begrenzten Vorrat hinweisen

Tous les modèles (ne) sont (pas) disponibles en stock.	(Nicht) alle Modelle sind vorrätig.
Veuillez nous faire parvenir votre commande le plus vite possible car nos stocks sont limités.	Bitte schicken Sie uns Ihre Bestellung so bald wie möglich, da unsere Lagerbestände begrenzt sind.

Nos stocks sont épuisés mais nous pouvons vous offrir un produit équivalent.	Unsere Bestände sind erschöpft, aber wir können Ihnen ein anderes gleichwertiges Produkt anbieten.
Si vous commandez des quantités importantes, veuillez vous informer préalablement par téléphone des stocks disponibles.	Falls Sie größere Mengen bestellen wollen, rufen Sie uns bitte vorher an, um den Lagerbestand zu erfragen.

Vorbehalte äußern

sous réserve de…	unter Vorbehalt / vorbehaltlich …
jusqu'à épuisement des stocks	solange der Vorrat reicht
sauf vente préalable / vente intermédiaire réservée	Zwischenverkauf vorbehalten
sous réserve d'acceptation jusqu'au 30 juin	bei Annahme bis zum 30. Juni
Les prix peuvent être modifiés sans préavis.	Wir behalten uns Preisänderungen vor.

Zusätzliche Leistungen erwähnen

Nous avons des centres de service dans tout le pays.	Wir haben landesweit Dienstleistungszentren.
L'équipement comprend des accessoires en option.	Für die Ausrüstung gibt es verschiedenes Sonderzubehör.
Les marchandises sont garanties pendant un an.	Auf die Waren geben wir ein Jahr Garantie.
La garantie est d'un an.	Die Garantie beträgt ein Jahr.
Nous livrons gracieusement.	Wir liefern unentgeltlich / kostenlos.
L'installation est effectuée gratuitement.	Der Einbau / Anschluss erfolgt kostenlos / gebührenfrei.
Nous prenons en charge les frais de…	Wir übernehmen die Kosten für …

Zahlungsarten und Preise

franco de port et d'emballage	porto- und verpackungsfrei
en frais supplémentaires	zuzüglich (berechnet)
conditions de paiement : 30 jours net	Zahlungsbedingungen: netto (innerhalb) 30 Tage(n)
paiement prélèvement SEPA / carte de crédit	Zahlung per SEPA-Lastschrift / Kreditkarte
par virement bancaire	durch Banküberweisung

Kostenvoranschlag

Si ce devis vous convient, veuillez nous le retourner signé avec la mention …	Sofern Ihnen das Angebot zusagt, senden Sie es bitte mit dem Vermerk … unterzeichnet an uns zurück.
Bon pour accord et exécution du devis	Hier: Einverstanden.

Anmerkungen

- Statt **envoyer** können Sie das Verb **adresser** benutzen.
- Beachten Sie: Im **Si**-Satz (**si** - *wenn/vorausgesetzt, dass*) können weder Futur noch Konditional stehen.
  Si vous passez commande avant le 2 juin, nous vous ferons une réduction.
  Si vous aviez besoin de ces articles rapidement, nous pourrions vous livrer immédiatement.
- **L'offre** wird im Französischen allgemein für ein *Angebot* verwendet: **soumettre une offre**. **Le devis** dagegen bezeichnet eine detaillierte Aufstellung von Gütern und/oder Dienstleistungen und ihrer voraussichtlichen Kosten *(Kostenvoranschlag)*:
  Veuillez m'établir un devis pour l'aménagement de nos bureaux.
- Für *Nachlass* und *Rabatt* finden Sie im Französischen mehrere Übersetzungen: **la remise, le rabais** und **la ristourne**. Beachten Sie dabei jedoch die kleinen Bedeutungsunterschiede:
  la remise ist der allgemeinste der drei Begriffe;
  le rabais wird bei einer Beanstandung gewährt, z. B. wegen eines Fehlers an der Ware oder einer Lieferverzögerung;
  la ristourne ist der Nachlass, den ein Kunde für seine über eine längere Zeit getätigten Einkäufe erhält.
- Merken Sie sich die Wortstellung, wenn **peut-être** am Anfang eines Satzes steht:
  Peut-être désirez-vous que..., Peut-être aimeriez-vous que...
- Vergessen Sie nicht, dass bei Personen, Namen und Pronomen, die Personen ersetzen, die Präposition **chez** steht:
  J'ai rendez-vous chez Madame Leroux.
  Le personnel se rend chez elle tout de suite.
- Verwechseln Sie nicht:
  compter - *berechnen, zählen*
  compter sur - *rechnen mit*
  compter parmi - *zählen zu*

Sie sind dran!

1 Können Sie die Lücken in den folgenden drei Angeboten füllen, ohne zunächst bei den Wendungen der „Textbausteine" nachzuschlagen?

Nous avons 1 ________________ de vous soumettre une offre détaillée pour les marchandises spécifiées. Vous pouvez 2 ________________ de 5% sur une commande 3 ________________ à 800 €. Nous vous livrerons 4 ________________ de port.

2 Hier wird zusätzlich auf einen besonderen Einführungspreis hingewiesen. Ergänzen Sie!

Nous vous 1 ______________ de votre demande d'offre citée ci-dessus. Nous tenons à 2 ______________ sur le fait que ces produits bénéficient 3 ______________ de lancement et que nos stocks sont 4 ______________. C'est pourquoi nous vous conseillons de nous 5 ______________ votre commande le plus 6 ______________.

3 Das folgende Angebot ist für rasch Entschlossene. Wie muss es jedoch korrekt lauten?

C'est 1 ______________ que nous vous envoyons notre catalogue le 3 ______________ ainsi que notre dernier tarif. Nous pouvons vous 3 ______________ une 4 ______________ de 10% sur tous nos produits. Toutefois, nous tenons à préciser que cette offre 5 ______________ jusqu'au 15 mai.

4 Bringen Sie dieses Durcheinander wieder in die richtige Reihenfolge!

1 correspondre parfaitement à vos besoins.
2 Les appareils sont garantis pendant deux ans.
3 D'après les informations que vous nous avez communiquées,
4 La performance de ces appareils devrait
5 pour une commande dépassant 610 €,
6 Nous vous remercions vivement de votre demande
7 Ci-joint, vous trouverez notre nouveau catalogue
8 qui contient une description détaillée des appareils
9 du 21 courant concernant nos aspirateurs.
10 nous vous suggérons les trois modèles suivants : Nº 7, Nº 8, Nº 9.
11 une remise de 5%
12 ainsi que la liste des prix et nos conditions de livraison.
13 Nous sommes disposés à vous accorder

▶ Lösung auf Seite 170

Lerntipps

- Wichtig sind vor allem die immer wiederkehrenden Wendungen wie „sich auf einen vorausgegangenen Brief beziehen", „sich bedanken" oder die Schlussformulierungen.

  Versuchen Sie, sie bei geschlossenem Buch aufzulisten. An welche können Sie sich erinnern? Prüfen Sie dann im Buch nach, ob Sie sie richtig geschrieben haben.

9 Zahlungsbedingungen und Rechnungen

Frau Leroux schreibt einer neuen Kundin aus Bordeaux, Frau Ottheau, die Bocuir einen Großauftrag erteilen möchte.

Ets BOCUIR & FILS
Maroquinerie

2 rue Thumesnil · 59000 Lille Cedex · Tél. : 03 38 37 02 25 · Fax : 03 38 47 12 26
info@etsbocuir.fr · www.etsbocuir.fr

Madame Véronique Ottheau
36 rue Bourbon
33000 Bordeaux

Lille, le 30 mars 20...

1 ____________________,

2 ____________________ votre lettre du 25 courant et vous remercions de l'intérêt que vous portez à nos modèles.

Nous vous communiquons, comme vous le souhaitez, nos 3 ____________________.

Nos factures sont 4 ____________________ dans les 30 jours 5 ____________________, 6 ____________________.

Pour les commandes dépassant 6.000 €, nous sommes disposés à vous 7 ____________________ de 15% sur le prix courant.

Le paiement 8 ____________________ 9 ____________________ ou par crédit documentaire irrévocable.

Nous restons à votre disposition et pouvons vous assurer que vos commandes seront, bien entendu, toujours 10 ____________________ avec le souhait de vous donner entière satisfaction.

Veuillez agréer, Madame, nos salutations distinguées.

Leroux

Sylvie Leroux
Service des Ventes

▶ Brief 11: Lösung auf Seite 161

Helfen Sie ihr, die Zahlungsbedingungen zu erläutern:

1 *Die Anrede:*
Madame Ottheau
Chère Madame
Madame

2 *Den Erhalt des Briefes bestätigen:*
Nous répondons à
Nous nous reportons à
Nous accusons réception de

3 *„Zahlungsbedingungen":*
lois de paiement
conditions de paiement
règles du péage

4 *„fällig":*
échues
payables
versées

5 *„ab Rechnungsdatum":*
à compter de la date de facturation
à partir de la date de la facture
à la date de la facturation

6 *„ohne Abzug":*
sans réduction
sans escompte
sans décompte

7 *„einen Nachlass gewähren":*
accorder une remise
accepter un rabais
concéder une diminution

8 *„sollte ... erfolgen":*
devrait se faire
devra s'effectuer
doit se régler

9 *„per Banküberweisung":*
par chèque bancaire
par virement bancaire
par transfert

10 *„ausgeführt":*
écoutées
exposées
exécutées

Frau Leroux schickt einer Kundin aus Bordeaux, Frau Ottheau, die Rechnung für ihre Bestellung.

Ets BOCUIR & FILS
Maroquinerie

2 rue Thumesnil · 59000 Lille Cedex · Tél. : 03 38 37 02 25 · Fax : 03 38 47 12 26
info@etsbocuir.fr · www.etsbocuir.fr

Madame Véronique Ottheau
36 rue Bourbon
33000 Bordeaux

Lille, le 12 avril 20...

V/Référence : commande 2357
Objet : facture

Madame,

Nous espérons que votre commande a été 1 ____________ à votre entière satisfaction.

Veuillez trouver ci-joint notre facture n°234 2 ____________ 3296,00 €.

Nous vous prions de bien vouloir 3 ____________ ce montant sur le compte indiqué ci-dessous :

Banque Populaire Nord-Pas-de-Calais
IBAN: FR36 2589 8900 5067 9812 3247 156
BIC : VNZOD6NBR

4 ____________ pour d'autres commandes, veuillez agréer, Madame, nos salutations distinguées.

Sylvie Leroux
Service des Ventes

▶ Brief 12: Lösung auf Seite 170

Helfen Sie Frau Leroux, den Begleitbrief zur Rechnung zu formulieren.

1 *„ausgeführt“:*
faite
exécutée
remplie

2 *„über einen Betrag von“:*
d'un montant de
d'un prix de
d'une somme de

3 *„überweisen“:*
payer
envoyer
virer

4 *„Wir stehen Ihnen zur Verfügung“:*
Restant à votre entière disposition
Vous restant dévoués
Dans l'attente de

Musterrechnung

Ets BOCUIR & FILS
Maroquinerie

2 rue Thumesnil · 59000 Lille Cedex · Tél. : 03 38 37 02 25 · Fax : 03 38 47 12 26
info@etsbocuir.fr · www.etsbocuir.fr

Madame Véronique Ottheau
36 rue Bourbon
33000 Bordeaux

Lille, le 12 avril 20...

Facture n°234	Date: 12/4/20...	Commande du 8/03/20...		N° de client: 002567	
Article		**Référence**	**Quantité**	**Prix unitaire TTC**	**Prix total TTC**
		602 N	10	35 €	350,00 €
Valise à roulettes		604 A	6	110 €	660,00 €
Sac polochon		360 D	20	87 €	1.740,00 €
Sac féminin		103 C	10	51 €	510,00 €
Frais de port					36,00 €
Paiement par virement à la commande Avec nos remerciements		Total HT			2746,66 €
		TVA 20,0 %			549,34 €
		Total TTC net à payer			3296,00 €

Textbausteine

Die Zahlungsbedingungen angeben

Nos conditions de paiement sont les suivantes :	Unsere Zahlungsbedingungen lauten wie folgt/sind folgende:
Nos factures sont payables dans les 30 jours à compter de la date de facturation/d'expédition.	Unsere Rechnungen sind innerhalb 30 Tagen ab Rechnungsdatum/Versanddatum zahlbar.
sans escompte/net	ohne Abzug/netto
Le paiement devra s'effectuer par...	Die Zahlung hat per ... zu erfolgen.
crédit documentaire irrévocable	unwiderrufliches Akkreditiv
virement bancaire	Banküberweisung
traite bancaire certifiée	Bankwechsel
chèque	Scheck
chèque bancaire libellé à l'ordre de...	Scheck ausgestellt an ...
prélèvement automatique	Direktabbuchung
mandat postal international	internationale Postanweisung
paiement à la livraison	Zahlung gegen Nachnahme
paiement à la commande	Zahlung bei Auftragserteilung
paiement anticipé	Vorauszahlung
paiement trimestriel/mensuel	vierteljährliche/monatliche Zahlung
par traite de 3 mois	mit Dreimonatswechsel
payable à vue	Zahlung bei Vorlage
règlement comptant contre documents	Kasse gegen Dokumente
facture pro-forma	Pro-forma-Rechnung
taux de change actuel	aktueller Wechselkurs
TVA (taxe sur la valeur ajoutée)	MwSt. (Mehrwertsteuer)
exempt/e de taxe	steuerfrei, zollfrei
HT (hors taxes)	ohne Steuer/Steuer nicht inbegriffen
TTC (toutes taxes comprises)	inklusive Steuer/Steuer inbegriffen

Sich nach Sonderkonditionen erkundigen

Pouvez-vous nous consentir une remise ?	Können Sie uns einen Nachlass gewähren?
Pourriez-vous nous accorder un tarif préférentiel, vu l'importance de cette commande ?	Könnten Sie uns in Anbetracht der Größenordnung dieser Bestellung einen Vorzugs-/Sonderpreis gewähren?
Vous serait-il possible de nous accorder un rabais ?	Wäre es Ihnen möglich, uns einen Rabatt zu gewähren?

Zahlungsaufschub / Kredit gewähren oder ablehnen

Nous n'accordons pas de crédit.	Wir gewähren keinen Kredit.
Nous ne sommes pas en mesure de vous accorder un crédit.	Wir sind nicht in der Lage, Ihnen Kredit einzuräumen.
Nous pouvons vous accorder un crédit de 2 mois.	Wir können Ihnen ein Zahlungsziel von 2 Monaten gewähren.

Um Begleichung einer Rechnung bitten

Ci-joint, vous trouverez notre facture d'un montant de...	Unsere Rechnung über ... liegt bei.
Nous vous serions reconnaissants de bien vouloir régler la facture ci-jointe.	Wir bitten Sie, die beiliegende Rechnung zu begleichen.
Vous voudrez bien régler la facture ci-jointe.	Wir bitten um Begleichung der beigefügten Rechnung.

Eine Zahlung leisten

Nous avons le plaisir de vous envoyer un mandat international de...	Wir freuen uns, Ihnen eine internationale Postanweisung über ... schicken zu können.
Ci-joint, vous trouverez un chèque d'un montant de...	Ein Scheck in Höhe von ... liegt bei.
Nous avons demandé à notre banque de verser l'acompte convenu de 10%.	Unsere Bank ist angewiesen, die vereinbarte Anzahlung von 10 % zu überweisen.
En règlement de la facture proforma N°... vous trouverez ci-joint une traite de...	Zur Begleichung der Pro-forma-Rechnung Nr. ... legen wir einen Wechsel über ... bei.

Eine Gutschriftsanzeige schicken

Veuillez nous faire parvenir un avoir de...	Bitte senden Sie uns eine Gutschriftsanzeige über die Summe von ...
Nous joignons un avoir d'un montant de...	Wir legen eine Gutschriftsanzeige über die Summe von ... bei.

Ein Konto besitzen

J'aimerais ouvrir un compte chèques à votre banque.	Ich möchte ein Girokonto bei Ihnen eröffnen.
Nous aimerions ouvrir un compte courant.	Wir möchten ein Firmen- / Geschäftskonto eröffnen.
Pourriez-vous nous communiquer vos références / coordonnées bancaires avec numéros IBAN et BIC ?	Könnten Sie uns bitte Ihre Bankverbindung einschließlich IBAN und BIC mitteilen?

Ein Formular ausfüllen

Prière de remplir en caractères d'imprimerie.	Bitte in Blockschrift ausfüllen.
donneur d'ordre, commettant	Auftraggeber
bénéficiaire	Begünstigter
payable à l'ordre de	zahlbar an
montant dû	fälliger Betrag
somme en toutes lettres	Betrag in Worten

Eine Rechnung senden

Nous espérons que votre commande a été exécutée à votre entière satisfaction.	Wir hoffen, dass Ihre Bestellung zu Ihrer vollen Zufriedenheit ausgeführt wurde.
Veuillez trouver ci-joint notre facture n°... d'un montant de ... €.	Anbei finden Sie unsere Rechnung Nr. ... über den Betrag von ... €.
Nous vous prions de bien vouloir virer le montant sur le compte indiqué ci-dessous.	Bitte überweisen Sie den Betrag auf das unten angegebene Konto.
Restant à votre disposition pour d'autres commandes...	Wir stehen Ihnen gern für weitere Aufträge zur Verfügung.

Anmerkungen

- Jedes Wort hat mehrere Bedeutungen: **règlement** bedeutet nicht nur *Verordnung, Regelung,* sondern auch *Zahlung.*
  Für *Zahlung* können Sie also entweder **règlement** oder **paiement** benutzen.
- In Geschäftsbriefen sollten Sie den Ausdruck „payer une facture" vermeiden. Schreiben Sie lieber: **effectuer le règlement / paiement d'une facture** oder **régler une facture**.
- Auch hier gilt wieder: Die Futur-Wendung **le paiement devra s'effectuer...** klingt höflicher als „le paiement doit s'effectuer...".
- **La traite** bedeutet *Tratte, Wechsel,* aber: **traiter des affaires** - *Geschäfte tätigen,* **traiter une commande** - *eine Bestellung bearbeiten.*
- Um Ihre Bereitschaft auszudrücken, stehen Ihnen mehrere Wendungen zur Verfügung: **être disposé/e à, être prêt/e à, être en mesure de, être à même de**.
- In Frankreich ist ein Skontoabzug bei der Begleichung einer Rechnung nicht so üblich wie in Deutschland. Weit häufiger gelten Zahlungsziele von 30 oder 60 Tagen ohne Abzug.

Sie sind dran!

1 Bestätigen Sie den Eingang der Lieferung samt Rechnung und füllen Sie die Lücken.

Nous 1 ________________ réception de votre livraison du 12 janvier et de la facture N° 24
2 ________________ 885 €. Comme 3 ________________ , nous 4 ________________
cette somme à votre compte auprès du Crédit Lyonnais.

2 Sonderkonditionen sind oft möglich! Vervollständigen Sie dieses Schreiben.

Malheureusement nous ne sommes pas 1 ________________ de vous 2 ________________
un crédit. Par contre nous 3 ________________ vous 4 ________________ une remise
de 10% sur le 5 ________________ de la facture.

3 Vervollständigen Sie auch die folgende Zusage.

En 1 ________________ à votre e-mail de ce matin, nous vous informons que nous
sommes 2 ________________ vous accorder 3 ________________ de 3% pour
4 ________________ dans les 8 jours.

▶ Lösung auf Seite 170

10 Lieferbedingungen

Frau Leroux beantwortet einen Brief, in dem ein Kunde sie gebeten hat, ihm die Lieferbedingungen für eine Warensendung nach Fort-de-France, Martinique, mitzuteilen.

Ets BOCUIR & FILS
Maroquinerie

2 rue Thumesnil · 59000 Lille Cedex · Tél. : 03 38 37 02 25 · Fax : 03 38 47 12 26
info@etsbocuir.fr · www.etsbocuir.fr

Monsieur Marc Martin
20 rue Cité Dillon N 630
97200 Fort-de-France

Lille, le 10 avril 20...

Monsieur,

1 ____________ votre demande du 5 avril, nous vous informons que
2 ____________ est de 4 semaines à compter de 3 ____________ .

L'envoi se fait par camion de Lille à Dunkerque, puis par bateau jusqu'au port de Fort-de-France où vous devrez vous-même 4 ____________ .

Nous vous communiquerons dès que possible les coordonnées du navire.

Nous emballons séparément chaque article dans une boîte en carton. Les boîtes sont mises dans des caisses en bois.

5 ____________ CAF pour le transport 6 ____________ .

7 ____________ d'une livraison plus rapide, 8 ____________ à vous expédier la marchandise par fret aérien, mais dans ce cas vous devrez 9 ____________ .

Nous espérons être bientôt favorisés d'une commande qui 10 ____________ l'objet de nos soins attentifs.

Nous vous prions de croire, Monsieur, à l'expression de nos sentiments les plus dévoués.

Leroux

Sylvie Leroux
Service des Ventes

▶ Brief 13: Lösung auf Seite 162

Helfen Sie Frau Leroux, die Lieferbedingungen mit Hilfe folgender Begriffe zu formulieren:

1 *„Wir beziehen uns auf“:*
Ayant reçu
Pour répondre à
Nous référant à

2 *„die Lieferfrist“:*
le délai de livraison
le terme de la livraison
la date de l'envoi

3 *„der Erhalt Ihrer Bestellung“:*
l'arrivée de votre offre
la réception de votre commande
la possession de votre ordre

4 *„die Ware in Empfang nehmen“:*
recevoir les produits
délivrer les marchandises
réceptionner la marchandise

5 *„Unsere Preise verstehen sich“:*
Nos coûts sont
Nos prix s'entendent
Nos prix comprennent

6 *Transportwege:*
par terre et mer
sur la terre et la mer
par voies terriennes et maritimes

7 *„Falls Sie ... benötigen sollten“:*
Au cas où vous utiliseriez
Au cas où vous auriez besoin
Au cas où vous seriez dans le besoin

8 *Eine Dienstleistung anbieten:*
nous serions prêts
nous avons été disposés
nous sommes à même

9 *„die Zusatzkosten tragen“:*
supporter les frais supplémentaires
payer plus cher
régler un supplément

10 *Welche Verbform ist richtig?*
fasse
aura fait
fera

Textbausteine

Lieferfristen mitteilen

Nous sommes en mesure de livrer dès réception de votre commande / ordre.	Wir können sofort nach Eingang Ihrer Bestellung liefern.
Le délai de livraison sera de 4 mois.	Die Lieferfrist beträgt 4 Monate.
L'envoi est prêt pour livraison immédiate.	Die Sendung ist versandbereit.
Les marchandises sont en magasin / stock et devraient être prêtes à l'envoi lundi prochain.	Die Artikel sind vorrätig und dürften bis kommenden Montag zur Auslieferung versandfertig sein.
La livraison sera effectuée dans le courant du mois / dans les deux mois.	Die Lieferung wird im Laufe des Monats / innerhalb 2 Monaten erfolgen.

Das Transportmittel mitteilen

Comme convenu, l'envoi se fera par camion / train / avion / bateau.	Wie vereinbart wird die Lieferung per Lastwagen / Bahn / Luftfracht / Seefracht erfolgen.
Nous vous enverrons les marchandises demain par fret aérien / maritime / ferroviaire / par terre et mer.	Wir werden die Waren morgen per Luftfracht / Seefracht / Bahnfracht / auf dem Land- und Seeweg verschicken.

Die Versandbedingungen angeben

Nos prix s'entendent / sont...	Unsere Preise verstehen sich / gelten ...
départ usine (EXW)	ab Werk (EXW: ex work)
pris en magasin	ab Lager
franco transporteur (FCA)	frei Frachtführer
franco à bord (FOB)	frei an Bord
franco (sur) wagon (FOR)	frei Waggon
franco domicile	frei Haus
franco de port jusqu'à...	frachtfrei bis ...
franco frontière / gare	frei Grenze / Bahnhof
coût, assurance, fret (CAF)	Kosten, Versicherung, Fracht (CIF: cost, insurance, freight)
coût et fret (CF)	Kosten und Fracht
fret ou port payé, assurance comprise jusqu'à... (CIP)	frachtfrei versichert bis ...
rendu droits acquittés (DDP)	geliefert verzollt
en port dû	unfrei

Die Lieferadresse mitteilen

Veuillez noter que la livraison doit être effectuée à l'adresse suivante :	Bitte beachten Sie, dass die Lieferung an folgende Adresse zu erfolgen hat:
Veuillez nous livrer à l'adresse suivante :	Liefern Sie bitte an folgende Adresse:
Veuillez prendre note de la nouvelle adresse de nos bureaux.	Bitte beachten Sie die neue Anschrift unserer Büros.

Den Versand anzeigen

Nous avons le plaisir de vous informer que nous avons expédié aujourd'hui les marchandises, conformément à votre commande.	Es freut uns, Ihnen mitteilen zu können, dass wir heute die Waren gemäß Ihrer Bestellung abgesandt haben.
Conformément à la commande les marchandises vous seront livrées lundi matin.	Auftragsgemäß werden Ihnen die Waren am Montagmorgen zugestellt (werden).

La commande Nº 5 sera prête à l'envoi à partir du 5 mai. Veuillez nous indiquer les modalités de réception des marchandises.	Die Bestellung Nr. 5 wird ab dem 5. Mai versandbereit sein. Bitte teilen Sie uns mit, in welcher Form Sie die Lieferung entgegennehmen.
Nous attirons votre attention sur le fait que vous devrez vous-même réceptionner la marchandise.	Wir machen Sie darauf aufmerksam, dass Sie die Ware persönlich in Empfang nehmen müssen.

Die Versandart beschreiben

Les marchandises seront livrées dans des caisses anti-chocs hermétiquement scellées.	Die Waren werden in luftdicht versiegelten, stoßfesten Kisten verschickt (werden).
La documentation demandée vous a été envoyée / adressée...	Die angeforderten Unterlagen wurden Ihnen ... zugeschickt.
sous pli séparé	mit getrennter Post
en recommandé	per Einschreiben
par exprès / par colis express	per Eilboten / per Expressgut

Anmerkungen

- Wenn zwei Verben in einem Satz dasselbe Subjekt haben, können Sie oft auf das **Participe présent** zurückgreifen:
  Nous référant à votre commande, nous vous informons que...
- Vergessen Sie nicht die Präposition **à** bei den Ausdrücken **se référer à**, **conformément à**, **être prêt/e à**.
- Merken Sie sich die Bedeutung des Verbs **se faire** - *erfolgen* in der Wendung **L'envoi se fera par camion**.
- Beachten Sie, dass in Wendungen wie **la marchandise vous sera livrée / la livraison sera effectuée / la documentation vous a été envoyée** das Passiv benutzt wird. Da diese Form weniger persönlich klingt, wird sie in Geschäftsbriefen dem Aktiv vorgezogen.
- Merken Sie sich diese Wörter:
  livrer - *liefern*, **la livraison** - *Lieferung*, **le livreur** - *(Waren-)Auslieferer*, **livrable** - *lieferbar;*
  aber: **le fournisseur** - *Lieferant;*
  expédier - *versenden*, **l'expédition** - *Versand*, **l'expéditeur** - *Absender.*
- Man kann sagen: **Nous ne sommes pas en mesure de...**, **Nous sommes / Nous nous voyons dans l'impossibilité de...**
- Verwechseln Sie nicht **par exprès** - *Eilzustellung* und **par colis express** - *per Expressgut.*
- *Beachten Sie, dass nach* **au cas où** *der Konditional gebraucht wird:* **Au cas où vous auriez besoin de ...**

Sie sind dran!

1 **Schreiben Sie Frau Leroux und präzisieren Sie die gewünschten Lieferbedingungen für die von Ihnen bestellten Waren:**

Lieferung vor 15.11. per See- und Bahnfracht, ab Fabrik Bocuir bis zu Ihrem Lager, geliefert verzollt.

2 **Vervollständigen Sie dieses Schreiben, damit der Käufer weiß, bis wann er mit seinen roten Socken rechnen kann.**

Vous 1 ________________ le 30 janvier dernier une commande de 500 paires de chaussettes rouges. Ces marchandises sont 2 ________________ et peuvent donc vous 3 ________________ mercredi prochain.

3 **Hier kann nicht vor dem französischen Nationalfeiertag geliefert werden. Ergänzen Sie!**

Nous regrettons de devoir 1 ________________ que 2 ________________ d'incidents techniques nous ne sommes pas 3 ________________ de livrer votre commande 4 ________________ le 14 juillet. Sauf 5 ________________ de votre part, nous 6 ________________ que votre commande 7 ________________ .

4 **Der Champagner kommt zum Glück pünktlich! Füllen Sie die Lücken.**

1 ________________ à votre commande, les 10 caisses de champagne vous seront 2 ________________ mardi matin par colis 3 ________________ , 4 ________________ de port 5 ________________ à Rouen. Soyez 6 ________________ nous avons apporté 7 ________________ à l'exécution de votre commande.

▶ Lösung auf Seite 170

Lerntipps

- Schreiben Sie die Wörter und Ausdrücke, die Sie schlecht behalten, auf kleine Zettel oder Kärtchen: eine Seite Französisch, die andere Deutsch. So ist es Ihnen möglich, sie oft zu wiederholen, ohne dabei das Buch mitnehmen zu müssen.

11 Zahlungserinnerungen

Herr Collard, Buchhalter bei Bocuir, hat gerade festgestellt, dass Herr Osborn den vor einem Monat ausgeführten Auftrag noch nicht bezahlt hat. Er verfasst ein höfliches Erinnerungsschreiben.

Ets BOCUIR & FILS
Maroquinerie

2 rue Thumesnil · 59000 Lille Cedex · Tél. : 03 38 37 02 25 · Fax : 03 38 47 12 26
info@etsbocuir.fr · www.etsbocuir.fr

Monsieur Roger Osborn
22 Brockington Road
Hereford HRI 18B
Angleterre

V / Référence : commande 128
N / Référence : facture 133

Lille, le 9 mai 20...

1 ________________,

Nous vous avons adressé le 7 avril notre facture Nº 133 2 ________________ la commande 3 ________________.

Or, 4 ________________ de ne pas être, à ce jour, en possession de votre règlement.
5 ________________, d'une erreur ou d'une omission de votre part.

6 ________________ de nous 7 ________________ dès que possible.

8 ________________, nous vous demandons d'avoir l'obligeance
9 ________________.

10 ________________, Monsieur, nos salutations distinguées.

André Collard
Service Comptabilité

▶ Brief 14: Lösung auf Seite 162

Helfen Sie ihm beim Aufsetzen des Mahnschreibens mit folgenden Begriffen:

1 *Die Anrede:*
Cher Osborn
Cher Monsieur
Monsieur

2 *„betreffend":*
relative à
touchant
se rapportant

3 *„oben erwähnt":*
référée ci-dessus
mentionnée ci-dessus
nommée ci-dessous

4 *Sein Erstaunen äußern:*
nous sommes choqués
nous sommes surpris
c'est choquant

5 *„Es handelt sich zweifellos":*
Il s'agit, sans aucun doute
Il est sûrement question
Ceci traite certainement

6 *Um etwas bitten:*
Nous vous serions reconnaissants
Vous nous honoriez
Nous vous exhortons

7 *Um Zahlung bitten:*
envoyer l'argent
rémunérer
faire parvenir votre versement

8 *„Falls Sie die Rechnung schon beglichen haben":*
Si vous aviez, toutefois, procédé à ce règlement
Si vous y avez déjà pensé
Si vous avez déjà transféré l'argent

9 *„dieses Schreiben als gegenstandslos zu betrachten":*
d'ignorer ce rappel
de ne pas tenir compte de cette lettre
de ne pas prendre note de cet avis

10 *Die Grußformel:*
Acceptez
Nous vous envoyons
Nous vous prions d'agréer

Textbausteine

Sich auf die Rechnung beziehen

Nous avons envoyé le... la facture dont vous trouverez le double ci-joint.	Beiliegend eine Kopie unserer Rechnung, die wir Ihnen am ... zugehen ließen.
Nous vous écrivons au sujet de notre compte impayé de...	Wir beziehen uns auf den noch ausstehenden Betrag von ...
Nous aimerions attirer votre attention sur notre facture du...	Wir möchten Sie hiermit auf unsere Rechnung vom ... hinweisen.
Nous vous avons adressé le... *(date)* une facture Nº..., relative à votre commande...	Wir haben Ihnen am ... eine Rechnung Nr. ... bezüglich Ihrer Bestellung ... geschickt.
Nous vous avons fait parvenir le... une facture Nº... concernant la commande mentionnée ci-dessus.	Wir haben Ihnen am ... eine Rechnung Nr. ... betreffend Ihre oben genannte Bestellung zugehen lassen.

Eine Zahlungserinnerung schicken

Nous nous permettons de vous rappeler que nous n'avons pas encore reçu de paiement. Nous vous serions reconnaissants de nous envoyer votre règlement dès que possible.	Wir möchten Sie daran erinnern, dass wir noch keine Zahlung erhalten haben. Wir wären Ihnen für eine umgehende Begleichung der Rechnung dankbar.
Comme votre compte n'a pas encore été soldé, nous vous prions de nous faire parvenir votre versement dès que possible.	Da Ihr Konto noch nicht ausgeglichen ist, bitten wir Sie, Ihre Überweisung baldmöglichst vorzunehmen.
Comme nous n'avons pas reçu d'avis de paiement de notre banque, nous vous serions reconnaissants de bien vouloir régler cette affaire.	Da wir von unserer Bank noch keine Zahlungsmitteilung erhalten haben, wären wir Ihnen dankbar, wenn Sie die Rechnung begleichen könnten.
Nous désirons vous rappeler que nos conditions sont de 30 jours net. Veuillez nous envoyer votre paiement dès que possible.	Wir möchten Sie daran erinnern, dass unsere Bedingungen 30 Tage netto lauten. Bitte begleichen Sie die Rechnung baldmöglichst.
Notre service... nous signale ce jour que nous ne sommes toujours pas en possession de votre règlement.	Unsere ... Abteilung macht uns heute darauf aufmerksam, dass wir Ihre Zahlung immer noch nicht erhalten haben.

Falls der Kunde die Rechnung schon beglichen hat

Si vous avez déjà réglé la facture, veuillez ne pas tenir compte de ce rappel.	Sollten Sie die Rechnung schon beglichen haben, so betrachten Sie diese Erinnerung bitte als gegenstandslos.
Dans le cas où vous auriez déjà effectué ce paiement, nous vous demandons de bien vouloir ne pas tenir compte de cette relance.	Sollten Sie die Zahlung bereits vorgenommen haben, so betrachten Sie diese Zahlungserinnerung bitte als gegenstandslos.
Si vous aviez, toutefois, procédé à ce règlement, nous vous demandons d'avoir l'obligeance de ne pas tenir compte de cette lettre.	Falls Sie jedoch die Rechnung schon beglichen haben, bitten wir Sie, diesen Brief als gegenstandslos zu betrachten.

Eine zweite Mahnung schicken

Nous tenons à vous rappeler que votre facture N°... datée du... n'est pas encore réglée et nous vous demandons de vous acquitter de votre dette dans les plus brefs délais.	Wir möchten daran erinnern, dass unsere Rechnung Nr. ... vom ... noch nicht beglichen wurde, und bitten Sie, den fälligen Betrag umgehend zu begleichen.
N'ayant reçu aucune réponse à notre lettre du... vous rappelant le paiement de notre facture N°..., nous vous demandons de régler la somme due dans les plus brefs délais.	Da wir keine Antwort auf unser Schreiben vom ... erhielten, in dem wir darauf hinwiesen, dass die Rechnung Nr. ... noch nicht bezahlt wurde, bitten wir Sie, den ausstehenden Betrag umgehend zu begleichen.

Vous trouverez ci-joint un relevé de compte. Convaincus qu'il s'agit d'un oubli de votre part, mais ayant déjà envoyé un premier rappel, nous devons néanmoins insister pour que ce paiement se fasse sous huitaine.	Anbei erhalten Sie einen Kontoauszug. Sicher handelt es sich hierbei um ein Versehen Ihrerseits; da wir aber bereits eine Zahlungserinnerung geschickt haben, müssen wir darauf bestehen, dass die Zahlung innerhalb der nächsten acht Tage erfolgt.

Eine letzte Mahnung schreiben

Malgré deux lettres de rappel envoyées le... et le..., nous sommes surpris de constater que le montant de notre facture Nº ... reste impayé et que ce retard est de trois mois.	Obwohl Ihnen am ... und am ... zwei Zahlungserinnerungen zugingen, müssen wir mit Erstaunen feststellen, dass der Betrag unserer Rechnung Nr. ... noch immer aussteht und nun bereits seit drei Monaten überfällig ist.
Comme nos trois lettres de rappel sont restées sans réponse, nous nous voyons obligés de vous mettre en demeure de régler la somme de ... sous 48 heures.	Da unsere drei Zahlungserinnerungen unbeantwortet geblieben sind, sehen wir uns gezwungen, Sie aufzufordern, den Betrag von ... binnen 48 Stunden zu bezahlen.
Comme nous n'avons rien reçu de votre part, nous nous voyons contraints de procéder au recouvrement (de cette dette) par voie judiciaire / de droit, à moins de recevoir le paiement sous huitaine.	Da wir keine Antwort von Ihnen erhielten, werden wir rechtliche Schritte (gegen Sie) einleiten müssen, falls die Rechnung nicht innerhalb der nächsten acht Tage beglichen wird.
A moins de recevoir votre règlement dans les huit jours, nous serons dans l'obligation de confier l'affaire à notre service du contentieux.	Sollten wir Ihre Zahlung nicht innerhalb einer Woche erhalten, werden wir die Angelegenheit unserer Rechtsabteilung übergeben müssen.

Antwort auf ein Mahnschreiben

J'ai le regret de vous informer que nous ne retrouvons pas trace de la facture Nº 27. Nous vous saurions gré de nous en envoyer un double afin que nous puissions procéder au paiement.	Ich muss Ihnen leider mitteilen, dass sich die Rechnung Nr. 27 nicht auffinden lässt. Wir wären Ihnen dankbar, wenn Sie uns eine Kopie dieser Rechnung zugehen lassen würden, so dass wir die Zahlung veranlassen können.
Le retard de règlement de notre compte impayé Nº... a été dû à une erreur informatique de notre service comptable.	Die Verzögerung bei der Begleichung des offenstehenden Kontos Nr. ... ist auf einen Computerfehler in unserer Rechnungsabteilung zurückzuführen.
Veuillez accepter nos excuses pour ce contretemps et soyez assurés de recevoir ce règlement sous peu.	Wir bitten um Entschuldigung für die Ihnen entstandenen Unannehmlichkeiten und versichern Ihnen, dass die Zahlung in Kürze bei Ihnen eingehen wird.

Veuillez nous excuser du retard de paiement de votre facture N° 23 mais nous avons récemment rencontré des problèmes de liquidités.	Bitte entschuldigen Sie die Verzögerung bei der Zahlung Ihrer Rechnung Nr. 23, doch wir hatten in letzter Zeit einige Cashflow-Probleme.
Nous vous serions reconnaissants de bien vouloir nous accorder un nouveau crédit de 30 jours.	Wir wären Ihnen dankbar, wenn Sie uns einen weiteren Kredit von 30 Tagen einräumen könnten.
A notre grand regret, des évènements imprévus ont perturbé notre gestion. Il s'avère que nous ne sommes pas actuellement en mesure d'effectuer le règlement. Nous vous serions très reconnaissants de bien vouloir reporter l'échéance au... *(date)*.	Leider haben unerwartete Ereignisse unsere Betriebsführung gestört, so dass wir zur Zeit nicht in der Lage sind, Ihre Rechnung zu begleichen. Wir wären Ihnen sehr dankbar, wenn Sie den Zahlungstermin auf den ... *(Datum)* hinausschieben könnten.

Anmerkungen

- **Si vous aviez procédé au règlement de la facture, nous ne vous aurions pas envoyé cette lettre de rappel.**
  Sie kennen die Regel: Wenn Sie ein unrealistisches, nicht mögliches Geschehen oder Ereignis beschreiben wollen, setzen Sie das Verb im **Si**-Satz in das Plusquamperfekt und das Verb des Hauptsatzes in die Vergangenheitsform des Konditionals.
  Handelt es sich jedoch um eine sehr höfliche Annahme, die realistisch, möglich ist (Adverbien wie **déjà**, **toutefois** deuten dies an), steht das Verb des Hauptsatzes im Präsens und das Verb des Si-Satzes im Imperfekt:
  Si vous aviez, toutefois, procédé à ce règlement, nous vous demandons de ne pas tenir compte de cette relance.
- Um den ultimativen Charakter einer allerletzten Zahlungsaufforderung zu betonen, verwenden Sie im Französischen die Wendung **mettre quelqu'un en demeure (de payer)**.
- Auch durch den - natürlich immer noch höflichen - Ton eines wiederholten Mahnschreibens können Sie Ihrer Forderung Nachdruck verleihen. Vergleichen Sie die folgenden Sätze:

- sehr freundlich: **Nous vous serions reconnaissants de bien vouloir effectuer votre règlement...**
- neutral bis trocken: **Nous vous demandons de vous acquitter de votre dette...**
- sehr trocken bis verärgert: **Nous nous voyons obligés de vous mettre en demeure de payer...**

Sie sind dran!

1 1. Mahnung:

Comme votre compte n'a pas 1 ____________, nous vous 2 ____________ de bien vouloir nous 3 ____________ votre règlement 4 ____________ possible. Dans le cas où vous 5 ____________ celui-ci, nous vous demandons de 6 ____________ de cette lettre.

2 2. Mahnung:

Nous vous avons 1 ____________ le 13 août notre facture Nº 31. Mais à ce jour nous n'avons pas encore 2 ____________ d'avis 3 ____________. Nous nous 4 ____________ de vous rappeler que nos 5 ____________ de 30 jours net. 6 ____________, sans nul doute, d'une omission ou 7 ____________ de votre part.

3 Letzte Mahnung:

Nous sommes 1 ____________ de ne toujours pas avoir, à ce jour, 2 ____________ de notre facture Nº 10 3 ____________ deux lettres de rappel. Nous 4 ____________ de ne plus pouvoir attendre votre 5 ____________, ayant nous-mêmes des engagements à respecter. Nous nous voyons 6 ____________ procéder 7 ____________ de cette dette par 8 ____________, 9 ____________ recevoir le paiement dans les 48 heures.

▶ Lösung auf Seite 171

Lerntipps

- Bevor Sie mit dem nächsten Kapitel beginnen, wiederholen Sie doch einige Wendungen, z. B. vom vorletzten Kapitel. Verdecken Sie den französischen Teil und übersetzen Sie.

  Sie haben bestimmt fast alles richtig gemacht! Wenn nicht, versuchen Sie es an einem anderen Tag wieder.

12 Reklamationen

Frau Leroux von der Verkaufsabteilung erhält einen Beschwerdebrief von Carlo Vasconti, einem treuen Kunden aus Italien. Er beanstandet, dass die bestellten Waren zu spät geliefert wurden und zum Teil der Bestellung nicht entsprechen.

via Pier De Crescenci, 15
40131 Bologna

Tel. 051-524368
Fax. 051-523307

BOCUIR & FILS
A l'attention de Madame Leroux
2 rue Thumesnil
F - 59000 Lille Cedex

Bologne, le 28 mai 20...

Objet : Notre commande No 97

1 ____________________ ,

Le 2 mai, 2 ____________________ notre commande N° 97 dont vous trouverez ci-joint une photocopie. La livraison des marchandises était prévue pour le 16 mai 3 ____________________ .

Or, elle 4 ____________________ le 26 mai. Ce retard de 10 jours nous a mis dans un grand embarras, étant donné que plusieurs clients attendaient avec impatience certains articles.

5 ____________________ de vous faire part d'un autre sujet de mécontentement. En effet, 6 ____________________ de l'envoi, 7 ____________________ que la couleur des valises livrées ne correspondait pas à la commande : nous désirions des valises noires et non rouges.

Nous acceptons cependant de les garder si vous nous accordez 8 ______________ .

Nous sommes d'autant plus surpris de devoir 9 ____________________ que nous avons été, jusqu'à présent, très satisfaits de la qualité de vos produits et de l'efficacité de vos services.

Persuadés que 10 ____________________ , nous vous prions d'agréer, Madame, nos salutations distinguées.

Carlo Vasconti

WWW.VASCONTI.COM

▶ Brief 15: Lösung auf Seite 162

Vervollständigen Sie Carlo Vascontis Brief mit Hilfe folgender Begriffe:

1 *Die Anrede:*
Madame
Chère Sylvie
Chère Madame

2 *Etwas übermitteln:*
nous vous avons donné
nous vous avons transmis
nous vous avons remis

3 *„spätestens":*
le plus tard
sur le tard
au plus tard

4 *Eine Lieferverzögerung mitteilen:*
ne nous est parvenue que
ne fut reçue que
est seulement arrivée

5 *Sein Bedauern äußern:*
C'est regrettable
Excusez-nous
Nous nous voyons au regret

6 *„bei der Prüfung":*
selon la vérification
au cours de l'examination
en procédant à la vérification

7 *„wir haben festgestellt":*
nous avons fixé
nous avons constaté
nous avons déterminé

8 *„einen großzügigen Preisnachlass" gewähren:*
une réduction valable
une remise très acceptable
une réduction de prix conséquente

9 *„diesen Schritt unternehmen":*
entreprendre cette démarche
faire ce pas
prendre la mesure

10 *Um Zustimmung bitten:*
vous acceptez notre sollicitation
vous consentirez à notre demande
vous exaucerez notre prière

Textbausteine

Einen Lieferverzug reklamieren

Les marchandises que nous avons commandées le 5 octobre ne nous sont pas encore parvenues à ce jour.	Die Ware, die wir am 5. Oktober bestellt haben, ist bisher noch nicht eingetroffen.
Bien que la date de livraison ait été prévue pour le 6 avril, nous n'avons pas encore été livrés. Ce retard nous met dans le plus grand embarras.	Obwohl als Liefertermin der 6. April vereinbart war, sind wir immer noch nicht beliefert worden. Diese Verzögerung bringt uns in größte Verlegenheit.
Le délai de livraison fixé est dépassé de 8 jours.	Die vereinbarte Lieferfrist ist bereits um 8 Tage überschritten.
Nous avons le regret de devoir vous informer que notre commande Nº 56, qui aurait dû être livrée le 1er avril, est maintenant en retard de 2 semaines.	Leider müssen wir Ihnen mitteilen, dass die Lieferung (Bestell-Nr. 56), die am 1. April bei uns hätte eingehen sollen, seit 2 Wochen überfällig ist.

Comme notre commande a été passée sous réserve de recevoir la marchandise avant le 15 avril, nous sommes contraints de prendre un autre fournisseur.	Da unsere Bestellung unter der Bedingung erfolgte, dass wir die Lieferung vor dem 15. April erhalten, sehen wir uns gezwungen, uns an einen anderen Lieferanten zu wenden.

Eine zweite Reklamation formulieren (mit größerem Nachdruck)

Par notre lettre du..., nous vous avons signalé un retard de livraison incompréhensible. Or, vous n'avez toujours pas livré à ce jour les pièces détachées dont nous avons expressément besoin.	In unserem Brief vom ... hatten wir Ihnen einen unverständlichen Lieferverzug mitgeteilt. Sie haben jedoch die von uns dringend benötigten Ersatzteile bislang immer noch nicht geliefert.
Nous vous mettons donc en demeure de nous livrer sous 48 heures.	Wir fordern Sie daher auf, uns die Lieferung binnen 48 Stunden zuzustellen.
Si à l'expiration de ce nouveau délai, nous ne sommes pas en possession de la marchandise, nous vous rendrons responsables du préjudice subi.	Falls wir nach Ablauf dieser neuen Frist nicht im Besitz der Ware sind, werden wir Sie für den uns entstandenen Schaden verantwortlich machen.
Je regretterais de devoir changer de fournisseur dans l'espoir d'obtenir un meilleur service.	Ich würde nur ungern zu einem anderen Anbieter - mit hoffentlich besserem Service - überwechseln.
La perturbation dans notre production, causée par l'incompétence de votre société, s'est révélée très grave. Aussi avons-nous été contraints de nous fournir auprès d'un autre fabricant, à notre grand désagrément.	Die aufgrund der Inkompetenz Ihrer Firma eingetretene Produktionsunterbrechung hat uns in ernste Schwierigkeiten gebracht. Wir waren deshalb gezwungen, unseren Bedarf bei einem anderen Hersteller zu decken, und hatten dadurch größte Unannehmlichkeiten.

Schäden nach Auslieferung der Ware melden

Nous avons pris livraison le 2 décembre de notre commande Nº 51. Cependant, il manquait plusieurs caisses et d'autres avaient été endommagées.	Am 2. Dezember erhielten wir Ihre Lieferung (Bestell-Nr. 51). Allerdings fehlten einige Kisten, andere waren beschädigt.
Lors de la réception de notre commande Nº 77 nous avons découvert que les boîtes d'emballage ont été ouvertes et des articles retirés.	Bei Entgegennahme Ihrer Lieferung (Bestell-Nr. 77) stellten wir fest, dass die Verpackungskisten aufgebrochen waren und einige Teile entfernt worden sind.
En procédant à la vérification de l'envoi, nous avons constaté que la plupart des articles livrés sont sérieusement endommagés.	Bei der Prüfung der Sendung haben wir festgestellt, dass die gelieferten Artikel größtenteils stark beschädigt sind.
Nous avons le regret de vous informer que la marchandise livrée ce matin est en mauvais état. Veuillez trouver ci-joint une liste des articles endommagés.	Wir müssen Ihnen mitteilen, dass die bestellten Waren uns heute Morgen in mangelhaftem Zustand zugestellt wurden. Eine Aufstellung aller beschädigten Teile liegt bei.

Infolge der Schadensfeststellung unternommene Schritte

En conséquence, nous avons annoté le bon de livraison.	Wir haben eine entsprechende Notiz auf dem Lieferschein vermerkt.
Nous avons rapporté le dommage au transporteur et nous garderons les caisses abîmées et leur contenu pour contrôle.	Wir haben dem Spediteur den Schaden gemeldet und behalten vorläufig die defekten Kisten und ihren Inhalt zwecks Überprüfung.
Nous avons procédé à une expertise sur le dommage causé. Une copie du rapport a été envoyée à notre compagnie d'assurance.	Wir haben eine Schadensaufnahme vorgenommen. Eine Kopie des Gutachtens wurde unserer Versicherung zugeschickt.

Auf einen Fehler bei der Zusammenstellung des Auftrags hinweisen

Nous avons été surpris de constater que la commande n'a pas été livrée dans sa totalité. Veuillez faire les vérifications nécessaires.	Wir waren überrascht, feststellen zu müssen, dass die Ware nicht vollständig geliefert wurde. Wir bitten um Überprüfung.
Les articles ne sont pas conformes / ne correspondent pas aux indications de notre commande.	Die Artikel entsprechen nicht den Angaben unserer Bestellung.
Nous attirons votre attention sur le fait qu'un lot des articles fournis ne correspond pas à la couleur et un autre à la taille commandées. Nous vous retournons ces deux lots et vous prions d'effectuer leur remplacement dès que possible.	Wir möchten Sie darauf hinweisen, dass ein Teil der gelieferten Ware die falsche Farbe und ein anderer die falsche Größe hat. Wir senden diese Posten zurück und bitten Sie um schnellstmöglichen Ersatz.

Lösungen anbieten

Nous vous prions de reprendre / remplacer / rembourser la marchandise dans les plus brefs délais.	Wir bitten Sie, die Ware unverzüglich zurückzunehmen / zu ersetzen / zu erstatten.
Nous vous saurions gré de faire le nécessaire pour que les articles suivants soient remplacés et envoyés dès que possible.	Wir wären Ihnen dankbar, wenn Sie so bald wie möglich für eine Ersatzlieferung folgender Artikel sorgen könnten.
Nous vous retournons les articles en question. Veuillez nous créditer de la valeur des produits retournés.	Wir schicken die betreffenden Artikel zurück. Bitte schreiben Sie uns den Wert der retournierten Waren gut.
Veuillez faire le nécessaire pour rembourser le montant des marchandises abîmées.	Bitte sorgen Sie für die Erstattung des Kaufpreises der beschädigten Ware.
Nous sommes prêts à garder ces marchandises inadéquates, mais avec une réduction de prix conséquente.	Wir sind bereit, diese falsch gelieferte Ware zu behalten, jedoch nur mit einem deutlichen Preisnachlass.
Si vous déduisiez la somme de 100 € de notre commande, nous considérerions l'incident comme clos.	Sofern Sie uns bei unserer Bestellung 100 € erlassen, betrachten wir die Angelegenheit als erledigt.

Eine Rechnung zurückweisen

Après vérification, il s'avère que votre facture N° 43 comporte / présente une erreur.	Bei Prüfung Ihrer Rechnung Nr. 43 wurde ein Fehler festgestellt.
Une erreur s'est glissée dans votre facture / vos calculs.	In Ihre Rechnung / Kalkulation hat sich ein Fehler eingeschlichen.
Notre service comptabilité a constaté que votre facture n'était pas conforme à notre commande.	Unsere Buchhaltung hat festgestellt, dass Ihre Rechnung nicht mit unserer Bestellung übereinstimmt.
Nous avons constaté un certain nombre d'anomalies dans votre dernière facture. Nous vous saurions gré de la vérifier et de procéder aux rectifications d'usage.	In Ihrer letzten Rechnung stießen wir auf einige Unstimmigkeiten. Wir wären Ihnen dankbar, wenn Sie sie überprüfen und berichtigen würden.
Il apparaît que dans la facture N° 88 vous avez omis de déduire la remise convenue de 2%.	Offensichtlich haben Sie in Rechnung Nr. 88 versäumt, uns die zugesagten 2 % Nachlass zu gewähren.
Nous constatons que vous avez compté des frais d'assurance supplémentaires qui ne figuraient pas dans notre accord initial.	Wir stellen fest, dass Sie uns zusätzliche Versicherungskosten berechnet haben, die im Originalvertrag nicht vereinbart waren.
Nous aimerions avoir des explications sur les / quant aux frais d'emballage qui nous paraissent anormalement élevés.	Wir möchten um eine Erklärung bezüglich der Verpackungskosten bitten, die uns ungewöhnlich hoch erscheinen.

Sich über den schlechten Service beschweren

Je regrette de devoir me plaindre du service déplorable fourni par l'un de vos techniciens de maintenance.	Bedauerlicherweise muss ich mich über den unglaublich schlechten Service einer Ihrer Wartungstechniker beschweren.
Non seulement il est arrivé avec 3 heures de retard, mais il a refusé de nettoyer la machine qu'il avait réparée, et il s'est montré extrêmement impoli.	Er erschien nicht nur 3 Stunden zu spät, sondern war auch nicht bereit, die Maschine zu säubern, die er repariert hatte. Außerdem war er äußerst unhöflich.

Anmerkungen

- Vergessen Sie nicht, dass das Partizip der Verben, die das Perfekt mit **être** bilden, sich in Geschlecht und Zahl nach dem Subjekt des Satzes richtet:
  La livraison nous est bien parvenue.
  Madame Leroux et sa secrétaire sont parvenues à résoudre ce problème.

- Merken Sie sich, dass die Vergangenheitsformen **Passé immédiat** und **Passé simple** sehr selten in Geschäftsbriefen benutzt werden. Das **Passé simple** ist literarisch. Das **Passé immédiat** finden Sie nur in Wendungen wie:
  Nous venons de recevoir..., Nous venons d'apprendre que...

- Das **imparfait** gibt meist einen Zustand, den Verlauf von Vorgängen und Handlungen wieder: **Les clients attendaient les articles..., Nous désirions des valises noires...**
- Beachten Sie die Zeitenfolge im Französischen!
  Nous avons constaté que la livraison ne correspondait pas à la commande.
  Aber: **Nous constatons que la livraison ne correspond pas à la commande.**
- Verwechseln Sie nicht:
  la demande - *An-/Nachfrage, Bitte* und **la commande** - *Bestellung,*
  être conforme à - *übereinstimmen mit* und **conformément à** - *gemäß,*
  l'erreur - *Irrtum, Versehen* und **la faute** - *Fehler, Schuld.*
  Zu den beiden letzten Begriffen merken Sie sich am besten die Sätze:
  Cette facture présente une erreur / des erreurs. L'erreur est humaine !
  Ce n'est pas de ma faute !
- Vergessen Sie nicht die Präposition **de** nach den Ausdrücken **être au regret de, faire part de, être surpris/e de, être satisfait/e de**.
- Nach dem Verb **attendre** steht keine Präposition: **Les clients attendent vos articles.** Beachten Sie, dass nach **attendre que** der **Subjonctif** folgt: **Les clients attendent que la livraison soit exécutée rapidement.**

Sie sind dran!

1 Weisen Sie eine fehlerhafte Rechnung - vollständig - zurück:

Nous 1 ________________ le 13 octobre votre facture No 567. Cependant, nous avons constaté, 2 ________________, que celle-ci 3 ________________ des erreurs. Nous vous serions donc reconnaissants de bien vouloir procéder aux 4 ________________.
5 ________________, nous vous en remercions.

2 Ergänzen Sie diese mit größerem Nachdruck formulierte Reklamation.

Les marchandises que nous 1 ________________ le 15 juillet ne nous sont pas
2 ________________ à ce jour. Le délai de livraison fixé 3 ________________ depuis 10 jours. Nous vous mettons donc 4 ________________ de nous livrer
5 ________________ 48 heures.

3 Hier wird eine schadhafte Lieferung beanstandet. Ergänzen Sie!

Lors de 1 ____________ de notre commande, nous 2 ____________ que la qualité des articles livrés ne 3 ____________ pas aux échantillons soumis. En 4 ____________, nous vous demandons de 5 ____________ la marchandise dans les 6 ____________.

4 Der Verfasser dieses Schreibens droht gar mit einem Wechsel des Zulieferers. Wie muss es korrekt heißen?

Nous attirons 1 ____________ sur le fait que nous ne sommes toujours pas 2 ____________ de la marchandise commandée le 2 novembre. Nous sommes donc 3 ____________ de 4 ____________ un autre fournisseur

▶ Lösung auf Seite 171

13 Reklamationen beantworten

Frau Leroux beantwortet den Beschwerdebrief, den ihr Herr Vasconti geschickt hat.

Ets BOCUIR & FILS
Maroquinerie

2 rue Thumesnil · 59000 Lille Cedex · Tél. : 03 38 37 02 25 · Fax : 03 38 47 12 26
info@etsbocuir.fr · www.etsbocuir.fr

Monsieur Carlo Vasconti
via Pier De Crescenci, 15
I - 40131 Bologne

Lille, le 2 juin 20...

Cher Monsieur,

1 ____________ d'apprendre par votre lettre du 28 mai que notre dernier envoi vous est parvenu avec 10 jours de retard et qu'une partie de la livraison ne 2 ____________ pas à votre commande.

3 ____________.

Nous avons donc immédiatement effectué les recherches nécessaires pour 4 ____________. Il s'avère que notre transporteur, 5 ____________, n'a pas été en mesure de vous livrer comme convenu. En outre, il a omis de nous en informer.

6 ____________ des articles non conforme à votre commande, 7 ____________ due à une confusion entre des références d'articles.

8 ____________.

Comme vous signalez dans votre lettre que vous êtes prêt à garder les valises, nous vous les facturerons à 50% du prix du catalogue.

Nous espérons que 9 ____________ nos relations commerciales.

10 ____________, nous vous prions de croire, Cher Monsieur, à l'expression de nos sentiments les plus dévoués.

Leroux

Sylvie Leroux
Service des Ventes

▶ Brief 16: Lösung auf Seite 163

Helfen Sie Frau Leroux, mit Hilfe folgender Begriffe eine Entschuldigung zu formulieren:

1 *Sein Bedauern ausdrücken:*
Désolés
Nous avons été navrés / Nous sommes désolés
Déplorant

2 *Welche Zeitform ist richtig?*
correspondait
a correspondu
correspondrait

3 *Die Unzufriedenheit des Kunden verstehen:*
Votre insatisfaction se comprend parfaitement
Votre colère s'explique très bien
Votre mécontentement est tout à fait compréhensible

4 *Die Ursache der Verzögerung herausfinden:*
découvrir les raisons de ce contretemps
expliquer les causes de ces ennuis
trouver les coupables

5 *Die Lieferverzögerung erklären:*
à cause de sa mauvaise organisation
en raison de son emploi du temps
suite à des problèmes d'organisation

6 *„Was die Lieferung betrifft":*
Correspondant à la livraison
Quant à la livraison
Pour ce qui est de la livraison

7 *Einen Fehler einräumen:*
nous avons commis une erreur
nous sommes en faute
il s'agit d'une erreur

8 *Sich entschuldigen:*
Mille excuses
Veuillez accepter nos sincères excuses
Excusez-nous, s'il vous plaît

9 *„dieser Vorfall wird ... nicht beeinträchtigen":*
cet accident n'aura pas atteint
cet incident n'altérera pas
cette infortune ne touchera pas

10 *Sich für das Verständnis bedanken:*
Nous vous remercions de votre compréhension
Merci d'être compréhensif
En vous remerciant de votre compréhension

Textbausteine

Den Erhalt einer Reklamation bestätigen

Nous avons bien reçu votre lettre du... nous annonçant que...	Wir haben Ihren Brief vom ... erhalten, in dem Sie uns mitteilen, dass ...
Nous vous remercions de votre lettre du... nous informant que...	Vielen Dank für Ihren Brief vom ..., der uns davon in Kenntnis setzte, dass ...
Nous sommes désolés d'apprendre...	Es tut uns leid, erfahren zu müssen, ...
Nous avons été navrés d'apprendre par votre lettre du... que...	Es tat uns sehr leid, aus Ihrem Brief vom ... zu erfahren, dass ...
Par votre lettre du..., vous nous faites part de...	In Ihrem Schreiben vom ... teilen Sie uns mit, dass...

Lieferverzögerungen erklären

Nous sommes navrés de ne pas encore avoir pu satisfaire votre commande N° 543. Ceci est dû à un conflit ouvrier dans notre usine de Valenciennes. La livraison sera effectuée dès que la grève aura cessé.	Wir bedauern, dass wir die von Ihnen bestellte Ware (Bestell-Nr. 543) wegen eines Arbeitskampfes in unserem Werk in Valenciennes noch nicht liefern konnten. Sobald der Streik beendet ist, wird die Lieferung erfolgen.
Nous nous excusons du retard, mais un incendie a causé des dégâts dans notre entrepôt. Nous serons en mesure de livrer dans 3 semaines.	Wir entschuldigen uns für die Verzögerung, doch unser Lager wurde kürzlich durch ein Feuer beschädigt. Wir werden in 3 Wochen liefern können.
Veuillez accepter nos sincères excuses pour le retard et la gêne que cela vous aura causés. Nous avons fait en sorte que les marchandises fournies en remplacement vous soient immédiatement expédiées.	Wir bitten sehr, die Verzögerung und die Schwierigkeiten, die Ihnen dadurch entstanden sind, zu entschuldigen. Wir haben dafür gesorgt, dass Ihnen die Ersatzware umgehend zugeht.
Ce retard est dû à des complications douanières. Nous faisons tout ce qui est en notre pouvoir pour vous faire parvenir ce chargement le plus tôt possible.	Diese Verzögerung ist durch Komplikationen beim Zoll bedingt. Wir tun alles in unserer Macht Stehende, damit Ihnen die Lieferung so bald wie möglich zugeht.
Nous sommes désolés de ce retard. Mais notre transporteur a omis de nous informer que, pour des raisons d'organisation, il n'a pas été en mesure de procéder à la livraison dans les délais convenus.	Wir bedauern diese Verzögerung. Doch unser Frachtführer vergaß, uns zu informieren, dass er aus organisatorischen Gründen nicht in der Lage war, die Lieferung innerhalb der vereinbarten Frist auszuführen.
Comme le retard n'est pas de notre fait, nous ne pouvons assumer aucune responsabilité, mais votre plainte a été transmise à notre compagnie d'assurance qui vous contactera en temps voulu.	Da diese Verzögerung nicht durch uns verschuldet wurde, können wir keine Haftung übernehmen. Ihre Beschwerde wurde jedoch an unsere Versicherung weitergeleitet, die sich zu gegebener Zeit mit Ihnen in Verbindung setzen wird.

Fehler einräumen

Nous regrettons vivement de vous avoir causé un inconvénient. L'anomalie sur votre facture est due à une erreur d'écriture. La rectification a été faite et nous vous adressons ci-joint la facture modifiée / un avoir.	Es tut uns sehr leid, Ihnen Anlass zur Beschwerde gegeben zu haben. Die Unstimmigkeiten in unserer Rechnung waren Folge eines Bearbeitungsfehlers. Wir haben dies berichtigt und fügen die geänderte Rechnung / eine Gutschrift bei.
Nous avons recherché la cause du problème et avons découvert qu'une erreur avait été faite au niveau de la comptabilité / au niveau de la frappe. La rectification a été faite depuis.	Wir sind der Ursache des Problems nachgegangen und mussten feststellen, dass ein Buchungsfehler / Tippfehler vorlag. Dieser wurde mittlerweile korrigiert.

Nous vous prions d'excuser cette erreur due à une confusion d'emballages / entre des références d'articles.	Wir bitten dieses Versehen zu entschuldigen, das auf eine Verwechslung der Verpackungen / zwischen den Bestellnummern zurückzuführen ist.

Maßnahmen ankündigen

Si vous êtes prêt à garder les produits endommagés, nous vous les facturerons à un prix réduit / à 50% du prix du catalogue.	Wenn Sie bereit sind, die beschädigte Ware zu behalten, werden wir sie Ihnen zu einem reduzierten Preis / mit einer Ermäßigung von 50 % auf den Listenpreis berechnen.
Nous avons été navrés d'apprendre que vous n'avez pas été satisfait du service de notre technicien de maintenance. Votre contrariété est tout à fait compréhensible. Nous effectuerons les recherches nécessaires pour découvrir la cause du problème.	Es tat uns leid zu erfahren, dass Sie mit dem Service unseres Wartungstechnikers nicht zufrieden waren. Ihre Verärgerung ist völlig verständlich. Wir werden die notwendigen Nachforschungen anstellen, um die Ursache des Problems herauszufinden.
Nous traitons l'affaire avec le transporteur et vous informerons du résultat de nos démarches.	Wir verhandeln mit dem Spediteur über die Angelegenheit und werden Sie vom Ergebnis in Kenntnis setzen.
Nous avons pris, depuis, des mesures pour qu'une telle méprise ne se reproduise plus.	Wir haben mittlerweile Schritte unternommen, um sicherzustellen, dass ein derartiges Versehen in Zukunft nicht mehr vorkommt.

Anmerkungen

- Verwechseln Sie nicht:
  l'incident - *Vorfall* mit **l'accident** - *Unfall,*
  compréhensible - *begreifbar, verständlich* mit **compréhensif** - *einsichtig, verständig,*
  quant à - *betreffend* mit **quand** - *wenn, wann.*
- Wenn Sie eine Tatsache, die Sie zuvor erwähnt haben, betonen wollen, können Sie die folgenden Konjunktionen benutzen:
  de plus - *zudem, außerdem,* **d'autre part** - *andererseits,* **en outre** - *darüber hinaus,*
  par ailleurs - *außerdem:*
  En outre, le transporteur a omis de..., Par ailleurs, nous pouvons vous offrir...
- Wollen Sie die Aufmerksamkeit auf einen bestimmten Punkt oder Sachverhalt lenken, leiten Sie dies wie folgt ein:
  à propos de, au sujet de, en ce qui concerne, quant à... :
  Quant à la livraison non conforme..., A propos de votre suggestion...
- Achten Sie auf die Rechtschreibung des Partizips des Verbs **devoir**:
  Cet incident est dû à..., Cette erreur est due à...: Die weibliche Form bekommt keinen Akzent.

- Merken Sie sich einige Wendungen, um sich höflich zu entschuldigen:
  Nous vous prions de (bien vouloir) nous excuser.
  Veuillez accepter nos / mes sincères excuses.
  Vous voudrez bien nous / m'excuser de...

- Vergessen Sie nicht, wie die üblichen Grußformeln an eine Kundin oder einen Kunden lauten:
  Nous vous prions de croire, Monsieur, à l'expression de nos sentiments dévoués / les plus dévoués.
  Veuillez agréer, Madame, l'expression de mon sincère dévouement.

Sie sind dran!

1 Füllen Sie die Lücken in diesem höflichen Entschuldigungsschreiben.

Nous 1 ____________ d'apprendre 2 ____________ votre lettre du 10 mars que les boîtes de thon vous 3 ____________ sérieusement endommagées. Nous avons fait 4 ____________ que les marchandises fournies en remplacement 5 ____________ immédiatement 6 ____________.

2 Erklären Sie den in einer Rechnung aufgetretenen Irrtum.

L'anomalie sur notre facture du 6 juin 1 ____________ à une erreur de 2 ____________. En effet, nous vous avons 3 ____________ deux fois l'article Nº 38. La rectification 4 ____________ et nous vous adressons 5 ____________ la facture 6 ____________.

3 Hier gab es offenbar Probleme bei der Zollabfertigung! Formulieren Sie die Entschuldigung aus.

Veuillez accepter nos 1 ____________ excuses pour le retard de livraison 2 ____________ des complications douanières. Nous faisons tout ce qui 3 ____________ notre pouvoir pour vous 4 ____________ ce chargement le 5 ____________ possible.

▶ Lösung auf Seite 171

Lerntipps

- Dieses Buch kann natürlich nicht alle gebräuchlichen Wendungen enthalten. Wenn Sie einen Brief auf Französisch bekommen, notieren Sie die Ausdrücke, die nicht in Ihrem Buch aufgeführt sind. So erweitern Sie Ihre Kenntnisse.

14 Verhandlungen und Vereinbarungen

Beim Durchgehen der Post stößt Frau Fosset auf eine unerwartete Anfrage. Besace, eine kanadische Firma, die u. a. Rucksäcke herstellt, bietet ein Partnerschaftsabkommen an: Bocuir soll die Besace-Produkte auf den europäischen Markt bringen; als Gegenleistung will Besace den Vertrieb von Bocuir-Produkten in Kanada übernehmen.

17 rue Notre-Dame Est | Montréal, P.Q. | H3Y IC3 | Canada
Tel. (514) 382-9099 | Fax (514) 382-9090 | info@besace.com

Ets Bocuir & Fils
A l'attention de Madame Fosset
2 rue Thumesnil
F - 59000 Lille Cedex

Montréal, le 10 juin 20...

Madame,

1 ____________ à Monsieur Fels de Munich que j'ai eu l'occasion de rencontrer au Salon International du cuir à Bruxelles.

Besace est une jeune entreprise familiale. Depuis sa création, il y a 5 ans, nous avons réussi à 2 ____________ et à conquérir des parts de marché importantes aux Etats-Unis. Désirant étendre nos activités en Europe, 3 ____________ d'une entreprise avec laquelle nous pourrions 4 ____________.

Nous vous proposons 5 ____________ de vos produits dans notre pays. 6 ____________, vous diffuseriez les nôtres en Europe.

En effet, 7 ____________ approfondies nous ont montré que les Européens s'intéressent de plus en plus à nos articles. Nous désirons donc être présents sur ce marché. De même, 8 ____________ que le Canada représente 9 ____________ pour vos produits haut de gamme.

- 1 -

Nous sommes sûrs que votre entreprise, tout comme la nôtre, **10** ____________ ce partenariat, puisque nos produits sont complémentaires : vous vous adressez à une clientèle qui aime l'élégance et le raffinement ; quant à nous, nous répondons aux besoins d'une clientèle sportive et passionnée de camping.

Nous espérons que cette proposition **11** ____________ .

Dans l'attente d'une réponse positive de votre part, je vous prie d'agréer, Madame, l'hommage de mon profond respect.

Jean Langlais

P.S. : Vous trouverez ci-joint une brochure vous informant en détail sur nos articles.

- 2 -

▶ Brief 17: Lösung auf Seite 163

Setzen Sie nun das Angebot auf, das Besace Frau Fosset zugeschickt hat:

1 *„Wir verdanken Ihre Adresse":*
Nous avons eu votre adresse
Nous devons votre adresse
Votre adresse vient

2 *„unseren Umsatz verdreifachen":*
tripler notre chiffre d'affaires
tripler nos recettes
augmenter de 300% notre capital

3 *„wir sind auf der Suche nach":*
nous voulons sonder
nous allons chercher
nous sommes à la recherche

4 *„eine Partnerschaft aufbauen":*
établir un partenariat
réaliser un échange
construire un partenariat

5 *„unsere Dienste beim Vertrieb":*
nos services d'importation
nos services de distribution
nos services dans les ventes

6 *„Als Gegenleistung":*
Comme échange
En échange
Pour échange

7 *„Marktanalysen":*
des analyses mercantiles
des études de marché
des enquêtes de marché

8 *„Es ist Ihnen bekannt":*
Vous n'êtes pas sans savoir
Vous n'êtes pas sans ignorer
Vous ignorez sans doute

9 *„ein zukunftsträchtiger Markt":*
un marché porteur
un marché possible
un marché virtuel

10 *„könnte von ... profitieren":*
pourrait profiter de
gagnerait à
pourrait croître grâce à

11 *„wird Ihr Interesse wecken":*
vous rendra attentif
retiendra votre attention
atteindra votre attention

Textbausteine

Sich auf die Kontaktaufnahme beziehen

Ayant récemment visité votre stand...	Da ich kürzlich Ihren Stand besuchte ...
M. Rose m'a donné votre nom.	Herr Rose nannte mir Ihren Namen.
Je dois votre adresse à Mme Riou.	Ihre Adresse verdanke ich Frau Riou.
La Chambre de Commerce nous a conseillé de vous contacter.	Die Handelskammer riet uns, mit Ihnen Kontakt aufzunehmen.
Nous nous sommes rencontrés / Nous avons été présentés lors de la foire TEC à Bruxelles.	Wir lernten uns auf der Brüsseler TEC-Messe kennen. / Wir wurden einander auf ... vorgestellt.

Die eigene Firma vorstellen

Nous sommes une entreprise familiale.	Wir sind ein Familienbetrieb.
Nous sommes détaillants en...	Wir sind Einzelhändler für ...
Nous sommes fabricants de...	Wir stellen ... her.
Nous sommes une société de distribution spécialisée en produits électriques.	Wir sind eine Vertriebsgesellschaft, die sich auf elektrische Geräte spezialisiert hat.
Nous sommes spécialisés dans l'assurance maritime.	Wir sind Spezialisten für Seeversicherungen.
Nous sommes une société commerciale de promotion, de marketing et de vente d'équipement Hi-fi pour les pays du Proche-Orient.	Wir sind eine Handelsgesellschaft, die sich auf Werbung, Vermarktung und Verkauf von Hi-Fi-Anlagen für den Nahen Osten spezialisiert hat.
Nous sommes l'un des principaux fournisseurs allemands de produits pharmaceutiques dans le tiers monde / les pays en voie de développement.	Wir sind einer der führenden deutschen Lieferanten für pharmazeutische Produkte in die Dritte Welt / die Entwicklungsländer.

Die Art des Abkommens näher erläutern

Nous voudrions établir un partenariat.	Wir möchten eine Partnerschaft aufbauen.
Nous voudrions vous proposer nos services de distribution pour vos produits.	Wir möchten Ihnen unsere Dienste beim Vertrieb Ihrer Produkte anbieten.
Nous serions intéressés par un contrat de représentation commerciale pour l'ensemble de l'Europe de l'Est.	Wir wären an einem Vertretervertrag für ganz Osteuropa interessiert.
Nous serions intéressés à constituer un joint-venture avec votre société.	Wir sind an einem Joint Venture mit Ihrer Firma interessiert.
Nous vous proposons une coopération au niveau du développement et de la commercialisation de nouvelles technologies.	Wir möchten Ihnen eine Zusammenarbeit bei der Entwicklung und Vermarktung neuer Technologien vorschlagen.

Auf günstige Handelsbedingungen hinweisen

Ce partenariat vous permettrait de diversifier davantage vos produits.	Diese Partnerschaft würde Ihnen die Möglichkeit bieten, Ihre Produktpalette zu erweitern.
Le marché potentiel est excellent pour / en ce qui concerne les chaussures en cuir de qualité dans cette zone du monde.	In diesem Teil der Erde gibt es für Qualitätslederschuhe einen hervorragenden potenziellen Markt.
Il y a une forte demande pour ce type de produits.	Nach dieser Art von Produkten besteht eine große Nachfrage.
Le marché est croissant / s'ouvre / commence à reprendre.	Der Markt expandiert / öffnet sich / erholt sich allmählich wieder.

L'accroissement régulier de la consommation en / au... *(pays)* a créé un marché prometteur pour... *(produit)*	Die anhaltende Hochkonjunktur in ... *(Land)* hat einen vielversprechenden Markt für ... *(Produkt)* geschaffen.

Um Antwort bitten

Nous espérons que cette proposition retiendra votre attention.	Wir hoffen, dass dieser Vorschlag Ihr Interesse findet.
Nous aimerions connaître votre avis sur cette proposition.	Wir würden gern Ihre Meinung zu diesem Vorschlag wissen.
Au cas où vous ne pourriez répondre à notre offre, nous vous serions reconnaissants de nous mettre en contact avec une société qui pourrait être intéressée.	Sollten Sie auf unseren Vorschlag nicht eingehen können, wären wir Ihnen dankbar, wenn Sie uns mit einer Firma in Kontakt bringen könnten, die eventuell daran interessiert wäre.

Anmerkungen

- Unterscheiden Sie zwischen **il y a 5 ans** - *vor 5 Jahren* und **depuis 5 ans** - *seit 5 Jahren.*
- Merken Sie sich, dass **ci-joint, ci-annexé** - *anbei* unverändert bleiben, wenn sie am Anfang eines Satzes oder zwischen zwei Kommas stehen:
  Ci-joint, vous trouverez..., Veuillez trouver, ci-joint, ...
  Nachgestellt aber werden sie in Numerus und Genus angeglichen: **La brochure ci-jointe...**
- Wünsche, Fragen, Bitten und Aufforderungen sollten höflich formuliert werden. Daher werden sie im Konditional ausgedrückt:
  Nous pourrions établir un contrat. Nous diffuserions vos produits.
- Das Komma wird im Französischen als Zeichen einer kurzen Sprechpause benutzt. Deswegen steht kein Komma vor Nebensätzen mit **que** - *dass,* **si** - *ob* und meist auch nicht vor Relativsätzen:
  J'espère que..., J'aimerais savoir si..., Vous vous adressez à une clientèle qui...
- Beachten Sie, dass die sehr höfliche Grußformel **Veuillez agréer, Madame, l'hommage de mon profond respect** nur an eine Frau geschrieben wird.

Sie sind dran!

1 Hier können Sie üben, wie man das Angebot einer geschäftlichen Zusammenarbeit formulieren kann. Vervollständigen Sie dieses Schreiben.

Nous sommes une société 1 ____________ de promotion, de marketing et de vente de lampes pour les pays scandinaves. Nous 2 ____________ vous proposer nos services de 3 ____________ dans ces pays.

2 Folgende Firma ist an einem Vertretervertrag interessiert. Ergänzen Sie die Anfrage.

Nous sommes une 1 ____________ de distribution 2 ____________ en appareils électroménagers et serions intéressés par un 3 ____________ de représentation 4 ____________ pour l'ensemble de l'Europe de l'Est. 5 ____________, vous trouverez une brochure détaillée de nos produits. Forts d'une expérience de 10 ans dans ce domaine, nous 6 ____________ que nos produits ainsi que notre offre retiendront votre 7 ____________.

3 Hier geht es um ein Joint Venture. Füllen Sie auch hier die Lücken.

Nous sommes une société de 1 ____________ en produits électroniques et cela nous 2 ____________ de constituer 3 ____________. Nous 4 ____________ diffuser vos produits dans les pays de l'Europe du Nord qui représentent un marché 5 ____________. Nous vous 6 ____________ reconnaissants de bien vouloir vous mettre 7 ____________ avec notre société le 8 ____________ possible.

▶ Lösung auf Seite 171

15 Einen Vertrag schließen

Da Frau Fosset dem Vorschlag der Firma Besace gute Marktchancen gibt, hat sie rasch Kontakt mit Herrn Langlais aufgenommen. Heute sendet sie der kanadischen Firma einen ersten Vertragsentwurf zu.

Ets BOCUIR & FILS
Maroquinerie

2 rue Thumesnil · 59000 Lille Cedex · Tél. : 03 38 37 02 25 · Fax : 03 38 47 12 26
info@etsbocuir.fr · www.etsbocuir.fr

BESACE
17, rue Notre-Dame Est
Montréal, P.Q.
H3Y 1C3
Canada

Lille, le 15 juillet 20…

Monsieur,

1 ____________ notre entretien téléphonique de mardi dernier, j'ai le plaisir de vous confirmer l'accord de représentation vous réservant 2 ____________ de nos produits au Canada.

3 ____________ deux copies d'une proposition de contrat de représentation commerciale. Je vous saurais gré de bien vouloir en prendre connaissance et de 4 ____________ accompagné de vos commentaires ou 5 ____________ que vous souhaiteriez éventuellement apporter aux termes de ce contrat.

Je me tiens, bien entendu, à votre entière disposition 6 ____________ concernant les conditions du contrat.

J'espère que celui-ci représentera le début d'une longue et productive coopération 7 ____________ nos deux sociétés.

Dans l'attente de votre réponse, je vous prie de croire, Monsieur, à l'assurance de mes sentiments distingués.

Fosset

La Directrice Commerciale
Corine Fosset

▶ Brief 18: Lösung auf Seite 163

Schreiben Sie den Brief von Frau Fosset mit Hilfe folgender Begriffe:

1 *„Bezug nehmend auf":*
Je me réfère à
(Comme) suite à
Conformément à

2 *„den ausschließlichen Verkauf":*
la vente exclusive
la vente monopolisée
la vente exclue

3 *„Anbei finden Sie":*
Trouvez ci-joint
Ci-inclus, il y a
Ci-joint, vous trouverez

4 *„ein Exemplar an mich zurücksenden":*
m'en retourner un exemplaire
m'en expédier un exemplaire
m'envoyer l'un des deux exemples

5 *„Änderungen":*
des modifications
des changements
des corrections

6 *„für weitere Fragen":*
pour tous renseignements complémentaires
afin de répondre à vos demandes
au cas où vous auriez d'autres questions

7 *Welche Präposition ist richtig?*
pour
entre
parmi

Textbausteine

Vertragsbedingungen

Vertragsart, Vertragspartner

Contrat de représentation / concession entre la société Bison S.A.R.L. (ci-dessous dénommée „le Représentant") d'une part et la société Baco (ci-dessous dénommée „la Société") d'autre part.	Vertretervertrag / Alleinvertretervertrag zwischen der Firma Bison GmbH (nachstehend „der Vertreter" genannt) einerseits und der Firma Baco (nachstehend „die Firma" genannt) andererseits.

Vertragsgegenstand

La société réserve au représentant l'exclusivité de la vente de ses produits pour le secteur géographique suivant : ...	Die Firma überträgt dem Vertreter das Alleinvertriebsrecht für ihre Produkte im folgenden Gebiet: ...
Le représentant devra limiter ses activités au territoire de la / du... *(pays)*.	Der Vertreter muss seine Tätigkeit auf das Gebiet von ... *(Land)* beschränken.
Le concessionnaire s'engage à assurer la gestion des importations et des ventes, la distribution des produits et le service après-vente.	Der Alleinvertreter verpflichtet sich, das Management der Importe und Verkäufe, den Vertrieb der Produkte und den Kundendienst zu übernehmen.

L'agent commercial conclura des opérations de vente au nom et pour le compte de l'entreprise.	Der Handelsvertreter schließt Verkaufsgeschäfte im Auftrag und auf Rechnung des Unternehmens ab.
Pendant la durée de validité du contrat, le concessionnaire s'engage à ne vendre aucun produit des concurrents directs de la société que ce soit pour son compte ou celui d'une autre société.	Während der Gültigkeitsdauer des Vertrages verpflichtet sich der Alleinvertreter, keine Produkte der direkten Konkurrenz der Firma zu verkaufen, weder auf eigene Rechnung noch auf Rechnung einer anderen Firma.

Werbung

Le concessionnaire a pour mission de représenter la société et de promouvoir le succès commercial des produits de la société, y compris l'exécution d'études de marché et de campagnes publicitaires.	Aufgabe des Alleinvertreters ist es, die Firma zu repräsentieren, den wirtschaftlichen Erfolg der Firmenprodukte zu fördern sowie Marktanalysen und Werbekampagnen durchzuführen.
La société est prête / disposée à investir un montant de €... par an en publicité.	Die Firma ist bereit, einen Betrag von ... € pro Jahr für Werbezwecke auszugeben.
La société fournira des conseils pour le marketing des produits.	Die Firma wird beim Marketing der Produkte beratend tätig sein.

Provision

L'agent commercial facturera au nom de l'entreprise et sera rémunéré au pourcentage.	Der Handelsvertreter stellt die Rechnungen auf den Namen des Unternehmens aus und erhält eine prozentuale Vergütung.
Le représentant percevra une commission de six pour cent sur la vente de nos produits / du montant net des factures acquittées.	Der Vertreter erhält eine Provision von sechs Prozent auf den Verkauf unserer Produkte / auf den Nettobetrag der quittierten Rechnungen.
Une commission de 8% sera accordée sur la valeur FAB / FOB de tous les articles commandés par les clients.	Es wird eine Provision von 8 % auf den FOB-Wert aller von den Kunden bestellten Waren gewährt.
Cette commission est payable / sera réglée trimestriellement / à la fin du mois.	Diese Provision wird vierteljährlich / jeweils am Monatsende ausbezahlt.
Les frais engagés seront remboursés sur présentation des pièces justificatives correspondantes.	Die ausgelegten Kosten werden auf Vorlage der entsprechenden Belege erstattet.

Vertragsdauer

Le contrat se limite à une durée initiale de deux ans et peut être renouvelé sur appréciation annuelle des performances du représentant.	Der Vertrag ist zunächst auf zwei Jahre befristet und kann auf Grundlage einer alljährlichen Bewertung der Leistungen des Vertreters verlängert werden.

Il sera prévu une période d'essai de six mois, à la suite de laquelle chacune des deux parties peut annuler / résilier le contrat, sous réserve d'un préavis d'un mois.	Nach einer Probezeit von sechs Monaten kann jeder Vertragspartner unter Einhaltung einer einmonatigen Kündigungsfrist den Vertrag auflösen / kündigen.
En cas de litige les parties contractantes feront appel à un tribunal de droit commun /d'arbitrage.	Bei Rechtsstreitigkeiten wenden sich die Vertragsparteien an ein ordentliches Gericht / Schiedsgericht.

Den Vertrag bestätigen

(Comme) suite à notre discussion / votre courrier / notre entretien téléphonique j'ai le plaisir de vous confirmer...	Bezug nehmend auf unser Gespräch / Ihren Brief / unser Telefongespräch freue ich mich, ... zu bestätigen.
l'accord de représentation commerciale	den Vertretervertrag
notre partenariat	unsere Partnerschaft
notre joint-venture	unser Joint Venture
la franchise	die Franchise

Um Unterzeichnung des Vertrags bitten

Ci-joint, vous trouverez deux copies / exemplaires du contrat de représentation.	In der Anlage finden Sie zwei Kopien / Ausfertigungen des Vertretervertrags.
Veuillez nous en retourner le double, signé et annoté de la mention « lu et approuvé ».	Senden Sie uns bitte eine Ausfertigung mit Ihrer Unterschrift und dem Vermerk „gelesen und genehmigt" zurück.
Veuillez signer les deux copies et m'en retourner une.	Unterzeichnen Sie bitte beide Ausfertigungen und senden Sie eine an mich zurück.

Schlussformeln

J'espère que ce contrat représentera le début d'une longue et productive coopération entre nos deux sociétés.	Ich hoffe, dieser Vertrag stellt den Beginn einer langen und ertragreichen Zusammenarbeit unserer beiden Firmen dar.
Veuillez nous faire savoir dans un délai de trois semaines si ces conditions vous paraissent acceptables.	Bitte geben Sie uns innerhalb der nächsten drei Wochen Bescheid, ob Sie mit diesen Bedingungen einverstanden sind.

Anmerkungen

- Anglizismen und Amerikanismen sind in Frankreich offiziell verpönt. Ein Gesetz vom März 1994 über die Anwendungspflicht der französischen Sprache verbietet unter Strafandrohung die Verwendung fremdsprachiger Begriffe in der Werbung und in Handelsverträgen über Güter, Produkte und Dienstleistungen.

Ein paar Beispiele für französische Entsprechungen:
le marketing - **la mercatique**, *le leasing* - **le crédit-bail**, *le mailing* - **le publipostage**, *le flyer* - **le dépliant**, *le sponsoring* - **le parrainage**, *FOB* - **FAB**.
Trotz des Gesetzes werden diese Begriffe in der Praxis sehr gern verwendet, vor allem in der Fachpresse.

- Um einen Befehl auszudrücken, wird in Geschäftsbriefen und Verträgen üblicherweise die Zukunftsform des Verbs benutzt. Hierdurch wird angegeben, dass etwas mit Sicherheit eintreten wird, d. h. dass die betreffenden Personen die notwendigen Maßnahmen ergreifen müssen:
L'agent commercial conclura des opérations de vente...
- Diese Befehlsform kann durch das Verb **devoir** - *müssen* oder durch **devoir** plus ein entsprechendes Adverb noch verstärkt werden:
Les pièces justificatives devront être envoyées...
Les pièces justificatives devront, impérativement, être envoyées...

Sie sind dran!

1 Vervollständigen Sie das folgende Begleitschreiben zu einem Vertrag:

1 ____________ votre lettre du 12 courant, j'ai le 2 ____________ de vous faire parvenir le contrat de franchise vous autorisant à 3 ____________ nos produits dans votre société en Algérie. Ci-joint, 4 ____________ deux copies du contrat de franchise. Veuillez 5 ____________ les deux copies et m'en 6 ____________ une.

2 Formulieren Sie die folgenden Vertragsklauseln aus:

Les conditions générales du contrat sont les suivantes :
- Le contrat 1 ____________ à une durée initiale de trois ans et peut être 2 ____________ sur appréciation annuelle des 3 ____________ du représentant.
- Une 4 ____________ de dix pour cent sera 5 ____________ sur la valeur FAB de tous les 6 ____________ par le client.

▶ Lösung auf Seite 171

Lerntipps

- Bevor Sie mit dem Kapitel „Dankschreiben" beginnen, überlegen Sie doch, welche Wörter, Ausdrücke und Wendungen Ihnen zu diesem Thema einfallen. Vergleichen Sie sie mit den Vorschlägen des Buches.

16 Dankschreiben

Um den endgültigen Vertretervertrag zu diskutieren, ist Frau Fosset auf Einladung von Besace nach Montreal geflogen. Nach ihrer Rückkehr schreibt Frau Fosset, die mit dem Ergebnis ihres Aufenthalts sehr zufrieden ist, an Herrn Langlais einen Dankesbrief.

Envoyé: lundi 22 juillet 20...
De: c.fosset@etsbocuir.fr
A: langlais@besace.ca
Objet: **remerciements**

1 ____________________ ,

2 ____________________ pour 3 ____________________ que vous avez su me réserver lors de mon séjour et pour 4 ____________________ organisées à mon intention.

Les visites fort intéressantes de Montréal et de ses environs 5 ____________________ .

Ce séjour 6 ____________________ tant professionnels que personnels m'a permis de mieux comprendre le fonctionnement de votre entreprise ainsi que 7 ____________________ .

Notre P.D.G., Monsieur Marc Lempereur, a été très intéressé par le rapport que je lui ai transmis 8 ____________________ .

Nous souhaitons vivement qu' 9 ____________________ s'établisse entre nos deux sociétés.

10 ____________________, bien cordialement,

Corine Fosset
Directrice commerciale

Ets Bocuir & Fils
2 rue Thumesnil
59000 Lille Cedex
France

Tel. : 03.38.37.02.25
Fax : 03.38.47.12.26
E-mail : c.fosset@etsbocuir.fr

▶ E-Mail 19: Lösung auf Seite 164

Helfen Sie Frau Fosset, das Dankschreiben aufzusetzen:

1 *Die Anrede:*
Cher Jean
Cher Monsieur
Cher Langlais

2 *Sich bedanken:*
Je dois d'abord vous dire merci
Acceptez d'abord mes remerciements
Je tiens tout d'abord à vous remercier

3 *„Ihre Gastfreundschaft":*
l'excellent accueil
votre amicale réception
votre hospitalité sympathique

4 *„die erfolgreichen Zusammenkünfte":*
les entrevues productives
les rencontres intéressantes
les fructueuses réunions

5 *Welche Zeitform ist richtig?*
m'avaient enthousiasmée
m'enthousiasmaient
m'ont enthousiasmée

6 *„reich an Erfahrungen":*
riche en apports
plein d'expériences
considérable en acquis

7 *„Ihre Verkaufspolitik":*
votre politique export
votre commerce
votre politique de vente

8 *„gleich nach meiner Rückkehr":*
après mon voyage
dès mon retour
tout de suite après mon retour

9 *„eine enge und dauerhafte Zusammenarbeit":*
une très longue relation sérieuse
une collaboration solide et intéressante
une coopération étroite et durable

10 *Sich nochmals bedanken:*
Je répète mes remerciements
Encore une fois merci
Avec mes remerciements réitérés

Textbausteine

Dankesformeln

Je vous remercie vivement / bien sincèrement...	Ich danke Ihnen sehr / ganz herzlich ...
de votre invitation	für Ihre Einladung
de cet agréable séjour	für den angenehmen / schönen Aufenthalt
pour cette excellente soirée	für diesen vorzüglichen Abend
pour votre chaleureux accueil	für Ihren warmherzigen Empfang
pour votre aide	für Ihre Hilfe
Veuillez recevoir nos remerciements les plus vifs pour...	Wir möchten uns ganz herzlich für ... bedanken.
Nous voudrions vous exprimer notre gratitude /nos sincères remerciements pour...	Wir möchten Ihnen unseren aufrichtigen Dank für ... aussprechen.

J'aimerais vous remercier de votre hospitalité.	Ich möchte Ihnen für Ihre Gastfreundschaft danken.
Je vous suis extrêmement reconnaissant/e de votre aide et de votre hospitalité durant mon récent séjour à Bordeaux.	Ich bin Ihnen sehr dankbar für Ihre Hilfe und Gastfreundschaft während meines jüngsten Aufenthalts in Bordeaux.
Merci de votre accueil lors de notre réunion.	Haben Sie Dank für Ihre Gastfreundschaft bei unserem Treffen.
Je vous remercie beaucoup pour l'excellent accueil que vous avez su me réserver lors de mon passage à Rouen.	Ich danke Ihnen sehr für die vorzügliche Gastfreundschaft, die Sie mir während meiner Durchreise in Rouen erwiesen haben.
Permettez-moi de vous exprimer toute ma gratitude pour vos démarches auprès de...	Erlauben Sie, dass ich Ihnen für Ihre bei ... unternommenen Schritte danke.
Je tiens à vous exprimer / à vous faire part de ma reconnaissance pour le grand service que vous avez bien voulu me rendre.	Ich möchte Ihnen ganz herzlich für den großen Gefallen danken, den Sie mir erwiesen haben.
Vous avez été fort aimable de...	Es war sehr freundlich von Ihnen, ...

Anmerkungen

- Merken Sie sich die Adverbien, mit deren Hilfe Sie einen Sachverhalt chronologisch darstellen können:
  (tout) d'abord - *zuerst,* **ensuite / puis** - *dann,* **de plus** - *außerdem,* **enfin** - *schließlich.*
- Beachten Sie, dass das Wort **fort** - *stark / sehr* auch als Adverb benutzt werden kann. Es ist dann unveränderlich: **Les visites fort intéressantes...**
- Verwechseln Sie nicht **ses** - *seine / ihre* mit **ces** - *diese:* **Montréal et ses environs..., Ces démarches auprès de l'administration étaient...**
- **P.D.G.** (auch **P.-D.G.** oder **PDG** geschrieben) ist die Abkürzung für **Président-directeur général** - *Generaldirektor.*
- Merken Sie sich, welche Präposition bei den folgenden wichtigen Ausdrücken stehen muss:
  tenir à - *Wert legen auf*
  lors de - *während*
  remercier de / pour - *sich bedanken für*
  à l'intention de Madame Fosset - *für Frau Fosset*
  transmettre à - *übergeben an*
  s'intéresser à / être intéressé/e par - *sich interessieren für*
  prier de - *bitten um*

Sie sind dran!

1 **Sie waren bei einem Geschäftspartner zum Abendessen eingeladen. Bedanken Sie sich schriftlich bei ihm für den schönen Abend und das ausgezeichnete Essen (**excellent **repas).**

2 **Nachdem Sie selbstständig das Dankschreiben verfasst haben, brauchen Sie hier nur noch in dem vorgegebenen Absatz die Lücken zu füllen!**

1 __________________ recevoir mes 2 __________________ les plus vifs pour votre excellent 3 __________________ lors de ma visite à Tunis la semaine dernière.

3 **Und da man sich nie genug bedanken kann, ergänzen Sie bitte auch noch dieses Dankeschön.**

Je 1 __________________ à vous remercier 2 __________________ les précieux conseils et la documentation détaillée que vous avez bien voulu me donner 3 __________________ de notre dernière réunion.

▶ Lösung auf Seite 171

17 Einladungen

Der Generaldirektor von Bocuir, Herr Lempereur, erhält von seinem wichtigsten Lieferanten, Herrn Lenoir, eine Einladung zu einem „Vortragsessen", einem Essen mit einem Vortrag und anschließender Diskussion.

22 rue Dauphine
75006 Paris
Tél. : 01 43 65 78 95
Fax : 01 43 65 70 32
www.cuirinter.fr

Ets Bocuir & Fils
Monsieur Marc Lempereur
...

Paris, le 23 août 20...

1 ____________________,

Nous avons le plaisir de vous compter parmi 2 ____________________. En effet, depuis maintenant plus de 8 ans, 3 ____________________ des relations commerciales suivies.

Pour vous remercier de la confiance 4 ____________________ vous nous accordez, nous vous 5 ____________________ à un dîner-débat au Club Investissement, 15 avenue de l'Opéra, 75001 Paris, le jeudi 30 septembre à 20 heures.

6 ____________________ les intervenants Monsieur François Baragou, Conseil de l'Ordre des avocats à la Cour de Paris, qui parlera du « Droit européen des affaires ».

Comme votre entreprise exerce des activités de plus en plus nombreuses sur le marché européen, le thème de cette soirée ne manquera pas de vous intéresser.

7 ____________________ qu'il vous sera possible de 8 ____________________. Nous vous serions reconnaissants de bien vouloir nous confirmer votre présence avant le 15 septembre, pour que 9 ____________________ effectuer les réservations nécessaires.

Dans l'espoir d'une réponse positive, nous vous adressons, Monsieur et Cher Client, nos salutations les plus dévouées.

Maurice Lenoir
Président-directeur général

▶ Brief 20: Lösung auf Seite 164

Eine Einladung schreiben

Vervollständigen Sie die Einladung mit Hilfe nachfolgender Begriffe:

1 *Die Anrede:*
Monsieur
Monsieur et Cher Client
Cher client

2 *„unsere treuesten Kunden":*
nos clients très fidèles
nos clients plus fidèles
nos clients les plus fidèles

3 *„wir pflegen" Geschäftsbeziehungen:*
nous soignons
nous entretenons
nous tenons

4 *Welches Pronomen ist richtig?*
qui
dont
que

5 *Die Formulierung der Einladung:*
inviterons volontiers
recevions avec plaisir
invitons bien cordialement

6 *Zu den Rednern zählen:*
Nous compterons parmi
Nous compterons sur
Nous aurons au nombre de

7 *Eine Hoffnung ausdrücken:*
Nous désirons beaucoup
Nous aimerions tant
Nous espérons vivement

8 *„an diesem ‚Vortragsessen' teilnehmen":*
participer à ce dîner-débat
venir au dîner-débat
être là au dîner-débat

9 *Welche Verbform ist richtig?*
nous pouvons
nous puissions
nous pouvions

Eine Einladung beantworten

Herr Lempereur freut sich sehr über die Einladung seines Lieferanten. Er beantwortet sie sofort.

Cher Monsieur,

C'est **1** ____________ que j'accepte l'invitation que vous avez bien voulu m'adresser et je vous en remercie **2** ____________. **3** ____________ de me rendre à votre dîner-débat au Club Investissement à Paris.

En effet, comme vous l'écrivez, le sujet de cette soirée m'intéresse particulièrement. Monsieur Baragou étant **4** ____________ une personnalité de grande renommée, **5** ____________ d'assister à ce débat.

6 ____________ mes remerciements, je vous prie, Cher Monsieur, d'agréer l'expression de mes meilleurs sentiments.

▶ Brief 21: Lösung auf Seite 164

Helfen Sie ihm, seinen Brief zu verfassen, und wählen Sie den jeweils passenden Begriff:

1 *Sehr erfreut über etwas sein:*
avec plaisir
avec enthousiasme
avec un très grand plaisir

2 *Sich „sehr" bedanken:*
très
énormément
vivement

3 *Seine Freude zum Ausdruck bringen:*
Je serais tout à fait ravi
Je suis très content
Je serai très heureux

4 *„darüber hinaus":*
en outre
par-dessus
du reste

5 *„es wird für mich eine Ehre sein":*
je tiens à mon honneur
ce sera pour moi un honneur
ce sera pour mon honneur

6 *Sich nochmals bedanken:*
En vous renouvelant
En vous rappelant
En vous réexprimant

Textbausteine

Eine Einladung aussprechen

Je souhaiterais / J'aimerais vous inviter /convier...	Hiermit möchte ich Sie einladen ...
... à déjeuner avec les membres de notre société le jeudi 3 septembre.	... zu einem Mittagessen mit unseren Mitarbeitern am Donnerstag, dem 3. Dezember.
... à visiter nos nouveaux locaux.	, ... unsere neuen Geschäftsräume zu besichtigen.
Nous espérons vivement qu'il vous sera possible de participer à ce salon / ce congrès.	Wir hoffen sehr, dass es Ihnen möglich sein wird, an dieser Messe / diesem Kongress teilzunehmen.
Nous serions ravis de vous recevoir / accueillir.	Wir würden uns sehr freuen, Sie begrüßen zu können.
Le président et les directeurs ont le plaisir de vous inviter à assister à la fête de Noël de l'entreprise qui aura lieu à l'hôtel IRIS, avenue Mozart, le samedi 20 décembre à 20 heures.	Der Vorsitzende und der Vorstand freuen sich, Sie am Samstag, dem 20. Dezember, um 20 Uhr zur Weihnachtsfeier der Firma ins Hotel IRIS, Avenue Mozart einzuladen.
A l'occasion du jubilé de notre entreprise, nous avons le plaisir de vous inviter à une réception.	Anlässlich unseres Firmenjubiläums laden wir Sie zu einem Empfang.
Vous êtes cordialement invité à un cocktail après la conférence.	Wir möchten Sie im Anschluss an die Konferenz herzlich zu einem Empfang einladen.
Nous ferez-vous le plaisir de venir dîner, accompagné de votre épouse, vendredi à 20 heures ?	Wir würden uns freuen, wenn Sie und Ihre Gattin am Freitag um 20 Uhr zum Abendessen kämen.
M. et Mme Dupont prient M. et Mme Durant de leur faire l'honneur / le plaisir de venir dîner le 4 mai à 20 heures.	Herr und Frau Dupont geben sich die Ehre / freuen sich, Herrn und Frau Durant am 4. Mai um 20 Uhr zum Abendessen einzuladen.
M. et Mme Ottheau auront le plaisir de recevoir M. et Mme Fontaine à la réception de mariage de leur fille Marie-Chantal qui aura lieu à... *(endroit)* le... *(date)* à... *(heure)*.	Herr und Frau Ottheau geben sich die Ehre, Herrn und Frau Fontaine zur Hochzeit(sfeier) ihrer Tochter Marie-Chantal am ... um ... in ... einzuladen.

Zusätzliche Hinweise

tenue de ville souhaitée / exigée / de rigueur	Gesellschaftskleidung erwünscht / erforderlich
tenue de soirée souhaitée / exigée / de rigueur	Abendkleidung erwünscht / erforderlich
déguisement	Verkleidung
tenue décontractée	zwanglose / legere Kleidung
R.S.V.P. (réponse / répondez s'il vous plaît)	(u.A.w.g.) um Antwort wird gebeten
Veuillez répondre avant le...	Bitte geben Sie bis ... Bescheid.
Nous comptons sur votre présence.	Wir rechnen mit Ihrer / eurer Anwesenheit.

Eine Einladung annehmen

Nous vous remercions de votre aimable invitation à la conférence et serions heureux d'y assister.	Wir bedanken uns für die freundliche Einladung zu der Konferenz, an der wir gern teilnehmen werden.
Je vous remercie de l'invitation à la réception organisée en l'honneur de M. Marron à laquelle je me rendrai avec plaisir.	Ich bedanke mich für die Einladung zum Empfang zu Ehren von Herrn Marron, an dem ich gern teilnehmen werde.
Nous serons très heureux de nous rendre à votre réception.	Sehr gern werden wir an Ihrem Empfang teilnehmen.
C'est avec un très grand plaisir que j'accepte votre invitation.	Sehr gern nehme ich Ihre Einladung an.
M. et Mme Rivert remercient M. et Mme Leclos pour leur aimable invitation qu'ils ont le plaisir d'accepter.	Wir bedanken uns herzlich für Ihre freundliche Einladung, die wir gern annehmen.

Eine Einladung absagen

Nous sommes désolés de ne pouvoir accepter votre aimable invitation en raison de...	Es tut uns leid, Ihre freundliche Einladung aufgrund ... nicht annehmen zu können.
Je vous remercie de votre aimable invitation et regrette vivement de ne pouvoir l'accepter, d'autres obligations m'appellent à l'étranger.	Ich danke Ihnen für Ihre freundliche Einladung, die ich bedauerlicherweise wegen anderweitiger Verpflichtungen im Ausland nicht annehmen kann.
M. et Mme Dupont remercient M. et Mme Petit de leur invitation qu'ils sont au regret/ regrettent de devoir décliner en raison d'un engagement préalable.	Wir danken Ihnen für Ihre Einladung, der wir leider wegen einer anderweitigen Verpflichtung nicht nachkommen können.

Anmerkungen

- Vergessen Sie nicht, dass nach den folgenden Konjunktionen, die alle ein Ziel ausdrücken (*damit .../so dass ...*), der **Subjonctif** steht:
  pour que, afin que, de manière que, de sorte que, de façon que:
  ... pour que nous puissions effectuer...
- Verwechseln Sie nicht **assister quelqu'un** – *pflegen, helfen* mit **assister à** – *teilnehmen an.*
- Die doppelte Verneinung eignet sich besonders gut, einer Person höflich und vorsichtig etwas nahezulegen bzw. sie auf etwas hinzuweisen:
  Cela ne manquera pas de vous intéresser... (= cela vous intéressera / cela devrait vous intéresser),
  vous n'ignorez pas que... und
  vous n'êtes pas sans savoir que... (= vous savez / vous devriez savoir)

Zwar positiv ausgedrückt, doch genauso vorsichtig können Sie von sich sagen:
Je suppose que... (= je sais que...).

- Als Einladung können Sie auch eine Visitenkarte bekommen. Beachten Sie, dass die Visitenkarte immer in der 3. Person geschrieben ist.
  M. et Mme Gribouille vous prient de...
  Die Karte wird weder datiert noch unterschrieben. Unten rechts steht in Großbuchstaben: **R.S.V.P. - „réponse s'il vous plaît".**

Sie sind dran!

1 Ergänzen Sie die Einladung zur Cocktailparty.

Vous 1 ____________ cordialement 2 ____________ à un cocktail qui 3 ____________ à l'hôtel Rive, boulevard Richelieu, 4 ____________ 13 janvier à 20 heures.

2 Und wie wird korrekt zur Abendgesellschaft mit Tanz eingeladen?

A 1 ____________ du jubilé de notre entreprise, nous avons le 2 ____________ de vous inviter 3 ____________ une soirée dansante 4 ____________ l'hôtel Valse, le samedi 30 juin à 20 heures. 5 ____________ de soirée exigée.

3 Können Sie auch diese Absage ausformulieren?

Je vous 1 ____________ de votre 2 ____________ invitation à la réception 3 ____________ en l'honneur de Mme Rivale à laquelle je me 4 ____________ rendu avec 5 ____________. Mais malheureusement d'autres obligations 6 ____________ en province.

4 Zu guter Letzt noch eine sehr förmliche Absage:

M. et Mme Duvent 1 ____________ M. et Mme Pleureux de leur invitation et 2 ____________ de ne pouvoir 3 ____________ en raison d'un engagement 4 ____________.

▶ Lösung auf Seite 171

18 Geschäftliche Mitteilungen

Die Firma Bocuir möchte ihre Kundschaft darüber informieren, dass ihre Produkte dank der Partnerschaft mit der kanadischen Firma Besace attraktiver geworden sind.

Ets BOCUIR & FILS
Maroquinerie

2 rue Thumesnil · 59000 Lille Cedex · Tél. : 03 38 37 02 25 · Fax : 03 38 47 12 26
info@etsbocuir.fr · www.etsbocuir.fr

Lille, le 1er octobre 20...

1 ____________________,

2 ____________________ de mieux satisfaire une clientèle de plus en plus exigeante,
3 ____________________ que, grâce à un partenariat avec la société canadienne Besace, nous pouvons vous offrir, dès aujourd'hui, une gamme de produits encore plus diversifiée.

En feuilletant notre dernier catalogue, 4 ____________________ que nos produits, qu'ils soient élégants ou sportifs, classiques ou modernes, sont toujours aussi pratiques que novateurs.

Pour vous permettre de découvrir ces modèles de très grande qualité,
5 ____________________ une offre exceptionnelle : 6 ____________________ de
25% 7 ____________________ toute commande passée avant la fin de ce mois.

Profitez donc de 8 ____________________, puisque nous aurons le plaisir de
9 ____________________ un élégant stylo-plume noir très raffiné avec sa plume dorée.
C'est notre façon amicale de vous remercier de la confiance que vous nous témoignez.

10 ____________________.

Yves Frimon
Service Marketing

▶ Brief 22: Lösung auf Seite 164

Schreiben Sie das Mailing mit Hilfe der folgenden Begriffe:

1 *Die Anrede:*
Mes chers clients
Messieurs
Chère Madame, Cher Monsieur

2 *„Immer bemüht":*
Sans cesse désireux
Toujours soucieux
Nous empressant toujours

3 *Eine erfreuliche Nachricht ankündigen:*
nous vous annonçons avec joie
nous sommes contents de vous informer
nous avons le plaisir de vous annoncer

4 *„Sie werden sehr schnell feststellen":*
vous constaterez très vite
vous verrez bien vite
vous établirez vite

5 *Ein Angebot machen:*
nous vous offrons
nous vous avons réservé
nous vous indiquons

6 *Eine Ermäßigung in Aussicht stellen:*
vous bénéficierez d'une réduction
nous promettons un rabais
vous obtiendrez un bénéfice

7 *Welche Präposition ist richtig?*
à
sur
par

8 *Ein günstiges Angebot hervorheben:*
l'offre intéressante
une offre superbe
cette offre vraiment spéciale

9 *„Ihrer Bestellung hinzufügen":*
joindre à votre commande
rajouter à votre ordre
vous envoyer en plus

10 *Die Grußformel:*
A très bientôt
Bien sincèrement
Mes respectueuses salutations

Textbausteine

Ein Ereignis ankündigen

Nous vous informons que nous avons transféré nos bureaux à l'adresse suivante : ...	Wir informieren Sie, dass wir unsere Geschäftsräume an die folgende Adresse verlegt haben: ...
Nous aimerions vous informer que M. Jourdon se retirera de la présidence du conseil en juin.	Hiermit informieren wir Sie, dass Herr Jourdon im Juni aus seiner Position als Aufsichtsratsvorsitzender ausscheiden wird.
Nous avons le plaisir de...	Wir freuen uns ...
... vous informer de la récente fusion de notre société avec Fari Computers.	... Ihnen die kürzlich vollzogene Fusion unserer Firma mit Fari Computers mitteilen zu können.
... vous annoncer l'ouverture de notre nouvelle succursale dans le centre-ville.	... die Eröffnung unserer neuen Zweigstelle im Stadtzentrum bekannt geben zu können.
... vous informer que nous venons de lancer notre nouvelle gamme de produits de bricolage.	... Ihnen mitzuteilen, dass wir gerade unser neuestes Sortiment an Heimwerkerprodukten herausgebracht haben.

... pouvoir vous fournir des informations sur notre nouveau modèle d'aspirateur.	... Sie über unser neuestes Staubsaugermodell informieren zu können.
... vous présenter notre toute nouvelle gamme de mobilier de bureau.	... Ihnen unsere neueste Büromöbelserie vorstellen zu können.
Nous nous permettons d'attirer votre attention sur l'arrivée tant attendue de nos nouveaux stylos Bac.	Wir möchten Sie darauf aufmerksam machen, dass unsere lang erwarteten „Bac"-Schreiber jetzt eingetroffen sind.

Auf ein Sonderangebot aufmerksam machen

Pour marquer l'événement, nous vous offrons...	Zu diesem Anlass bieten wir ...
... des prix spéciaux sur nos...	... Sonderpreise für unser(e) ...
... une réduction exceptionnelle pour toute commande au-dessus de 80 €.	... einen Sonderrabatt auf alle Bestellungen über 80 €.
... une remise de 3% si votre commande est passée avant le 1er mai.	... einen Rabatt von 3 %, wenn Sie Ihre Bestellung vor dem 1. Mai abgeben.
A l'occasion de cet événement, nous remettons (à titre gracieux) un cadeau pour chaque commande.	Aus diesem Anlass erhalten Sie zu jeder Bestellung gratis ein Geschenk.

Vorteile und Besonderheiten hervorheben

En conséquence de cette fusion, nous pouvons vous offrir un éventail beaucoup plus large de nos produits et des réductions de prix appréciables.	Infolge dieser Fusion können wir Ihnen ein wesentlich größeres Sortiment anbieten und beträchtliche Preisnachlässe gewähren.
Vous trouverez cette nouvelle version de... *(produit)* encore plus fiable / efficace / attractive / économique / facile à utiliser.	Sie werden feststellen, dass diese neue Variante von ... *(Produkt)* sogar noch zuverlässiger / leistungsfähiger / attraktiver / wirtschaftlicher / benutzerfreundlicher ist.
Vous noterez que notre nouveau catalogue présente une gamme très complète d'articles de bureau susceptibles de convenir à votre clientèle.	Sie werden feststellen, dass unser Katalog eine sehr ausführliche Büroartikelpalette bietet, die sicherlich den Bedürfnissen Ihrer Kunden entspricht.
Nos produits sont réputés pour leur design imaginatif, leur haute qualité et leurs prix compétitifs.	Unsere Produkte sind für ihr originelles Design, ihre hohe Qualität und konkurrenzfähige Preise bekannt.
Notre nouvelle succursale a l'avantage supplémentaire d'être située en plein cœur du quartier des affaires.	Unsere neue Zweigstelle bietet zusätzlich den Vorteil, mitten im Geschäftsviertel zu liegen.

Anmerkungen

- Verwechseln Sie nicht **mieux** (Adverb) und **meilleur/e** (Adjektiv).
- Achten Sie auf die Rechtschreibung der Wörter **exigeant/e** - *anspruchsvoll* und **l'exigence** - *Anspruch*
- Unterscheiden Sie zwischen **puisque** - *weil doch* und **parce que** - *weil.* **Puisque** drückt einen bekannten Grund aus. **Parce que** erklärt etwas Unbekanntes und steht daher selten am Anfang eines Satzes.
- Merken Sie sich, dass das Adjektiv meist nach dem Substantiv steht: **la société canadienne, un stylo-plume noir**.
  Einige Adjektive werden jedoch vorangestellt: die Ordnungszahlen **(premier, deuxième...)**, **petit, grand, jeune, vieux, bon, gros, joli, long: une petite entreprise.**

  Beziehen sich zwei Adjektive auf ein Substantiv, kann eines vorangestellt und das andere nachgestellt werden: **un élégant stylo-plume noir.**
- Vergessen Sie nicht, die Akzente zu setzen, denn sie können den Sinn eines Wortes völlig verändern, so z. B.: **ou** - *oder* und **où** - *wo;* **a** - *hat* und **à** - *in, nach;* **la** - *der, die, das, sie* und **là** - *dort;* **du** - *von* und **dû** - *geschuldet.*
- Hier noch ein paar Faustregeln, wann ein Akzent auf dem **e** stehen muss und wann nicht:
  - kein Akzent steht vor dem Schlusskonsonanten eines Wortes: **profiter, complet...**
    Ausnahme: Vor dem Schlusskonsonanten **s** muss das **e** einen **accent grave** bekommen: **congrès, succès...**; vor dem Schlusskonsonanten **t** oder vor einem einzelnen Konsonanten im Wortinnern trägt das **e** oft einen **accent circonflexe**, um die Auslassung eines **s** anzuzeigen, das im Altfranzösischen noch hinter dem **e** stand:
    intérêt, arrêt, fête, forêt, fenêtre ...
  - kein Akzent steht meistens vor einer Konsonantengruppe und vor Doppelkonsonanten: **mettre, erreur...**

Sie sind dran!

1 Kündigen Sie den Firmenzusammenschluss und die damit verbundenen Vorteile an!

Nous avons le plaisir de 1 ____________ de la récente 2 ____________ de notre société 3 ____________ Melinex Electroménager S.A. En 4 ____________ de cette fusion, nous 5 ____________ vous offrir une 6 ____________ de produits très étendue ainsi que des 7 ____________ de prix 8 ____________.

2 Vervollständigen Sie die Anzeige der Jubiläumsangebote.

Notre entreprise fête ses 15 ans. Pour 1 ______________ l'événement, nous vous 2 ______________ une 3 ______________ de 15% 4 ______________ toute commande passée avant le 15 mai.

3 Auch in dieser Mitteilung einer Geschäftseröffnung sind Lücken zu schließen!

Nous avons le plaisir d' 1 ______________ l'ouverture de notre nouvelle 2 ______________ qui présente 3 ______________ d'être située en 4 ______________ du quartier des affaires.

4 Bringen Sie wieder Ordnung in dieses Durcheinander! Bilden Sie einen Satz mit den folgenden Wörtern und Ausdrücken:

vos besoins - notre toute nouvelle - notre nouveau catalogue - Nous avons - à des prix - à - notamment - vous adresser - très avantageux - vous trouverez - et encore mieux adaptée - de bureau - le plaisir de - où - gamme de mobilier.

▶ Lösung auf Seite 172

19 Stellenangebote und Bewerbungen

Aufgrund der vielen zusätzlichen Aufträge, die infolge der Messe in Brüssel und der Zusammenarbeit mit der Firma Besace eingehen, braucht Frau Fosset eine Assistentin oder einen Assistenten und schreibt diese Stelle aus.

Ets BOCUIR & FILS
Maroquinerie

Leader sur un marché en pleine expansion

recherche

SECRÉTAIRE-ASSISTANT(E)
DES VENTES

Parfaitement trilingue (Français - Anglais - Allemand écrit, parlé)

Très bonnes connaissances informatiques

Grandes qualités d'organisation

Excellente présentation

Salaire motivant

Envoyer C.V., photo, lettre à

BOCUIR & FILS, Service du Personnel,
2 rue Thumesnil, 59000 Lille Cedex
E-mail : srh@etsbocuir.fr

Bald sind interessante Antwortschreiben eingegangen:

Envoyé: vendredi 5 novembre 20...
De: caroline.bison@gmail.com
A: srh@etsbocuir.fr
Objet: **Poste de secrétaire assistante**
Attaché: CV_caroline_bison; certificats_bison

Madame, Monsieur,

Comme suite à 1 ____________________ dans « Le Monde » de ce jour, 2 ____________________ pour le poste de secrétaire-assistante au sein de votre entreprise.

Je suis actuellement à la recherche d'un emploi à temps complet qui puisse me permettre de 3 ____________________ d'organisation et 4 ____________________ en anglais et allemand que j'ai pu approfondir 5 ____________________ à l'étranger.

De par mon emploi actuel 6 ____________________ une bonne maîtrise de l'informatique.

Ci-joint, vous trouverez mon curriculum vitae et des certificats qui vous renseigneront 7 ________________ et mes activités antérieures.

Je serais très heureuse que 8 ____________________ au jour et à l'heure qui vous conviendront.

En espérant que ma candidature retiendra votre attention, recevez, Madame, Monsieur, mes cordiales salutations.

Caroline Bison

---

21 rue Thiers
80000 Amiens

Tel. 02.22.32.46.13
E-mail : caroline.bison@gmail.com

▶ E-Mail 23: Lösung auf Seite 165

Helfen Sie Caroline Bison, die richtigen Ausdrücke in ihrem Bewerbungsschreiben zu verwenden:

1 *Sich auf eine Zeitungsannonce beziehen:*
votre annonce apparue
votre annonce parue
votre parution

2 *Sich um eine Stelle bewerben:*
je suis intéressée
je suis candidate
je pose ma candidature

3 *„meine Fähigkeiten entwickeln":*
améliorer mes capacités
augmenter mes qualités
développer mes qualités

4 *„meine Kenntnisse einsetzen":*
d'utiliser mes connaissances
de profiter de mes expériences
d'employer mon savoir

5 *„während mehrerer Praktika":*
pendant des stages
au cours de plusieurs stages
lors de certains emplois

6 *„ich habe erworben":*
j'ai appris
j'ai gagné
j'ai acquis

7 *„über meine Ausbildung":*
quant à ma culture
concernant ma scolarité
sur ma formation

8 *Um ein Gespräch bitten:*
vous me proposez un rendez-vous
vous m'accordiez un entretien
vous acceptez de me recevoir

Lebenslauf

- Vermeiden Sie einen zu langen Lebenslauf: 2 Seiten maximal.
- Verschicken Sie keine Fotokopie, sondern das Original.
- Erwähnen Sie weder Ihre Grundschul- noch Gymnasialausbildung, wenn Sie ein Hochschuldiplom oder andere gleichwertige Examina haben. Um auf die Entsprechung Ihrer Qualifikationen hinweisen zu können, erhalten Sie hier eine Übersicht über wichtige französische Abschlüsse:
    - **Le B.E.P. - Brevet d'Etudes Professionnelles:** Abschlusszeugnis nach zweijähriger Ausbildung an einer berufsbildenden Schule der Sekundarstufe II, einem **LEP (lycée d'enseignement professionnel)**, Qualifikation eines Facharbeiters oder Angestellten.
    - **Le C.A.P. - Certificat d'Aptitude Professionnelle:** „Berufsbefähigungszeugnis" nach dreijähriger **LEP**-Berufsausbildung.
    - **Le baccalauréat:** Abitur
    - **Le B.T.S. - Brevet de Technicien Supérieur:** Fachdiplom, das nach einer zweijährigen Ausbildung an den **Sections de Technicien Supérieur** der **Instituts universitaires** oder **Ecoles spécialisées** erworben wird.
    - **Le D.U.T. - Diplôme Universitaire de Technologie:** Abschlussprüfung der Fachhochschule.

- **Le DEUG - Diplôme d'Etudes Universitaires Générales:** Universitätsdiplom, mit dem das zweijährige Grundstudium abschließt.
- **La Licence**: der Bachelor - dreijähriges Studium
- **La Maîtrise**: die Magisterprüfung - vierjähriges Studium
- **Le DEA - Diplôme d'Etudes Approfondies:** Französische Hochschulprüfung vor der Promotion.

- Es setzt sich immer mehr durch, die berufliche Laufbahn nicht in chronologischer Abfolge, sondern beginnend mit der augenblicklichen bzw. letzten Arbeitsstelle darzustellen.
- Bemerkungen über Ihr privates Leben gehören - bis auf Freizeitbeschäftigungen, die für die gewünschte Stelle von Bedeutung sein könnten - nicht in den Lebenslauf.
- Vergessen Sie nicht, die Abkürzungen zu erläutern, z. B.: IHK = Industrie- und Handelskammer = **Chambre de Commerce et d'Industrie (C.C.I.)**.
- Zahlen werden nicht ausgeschrieben und müssen genau angegeben werden, d. h. sie dürfen nicht mit „environ" - *etwa* genannt werden.
- Wird ein Foto verlangt, heften Sie ein Passfoto oben rechts auf Ihren Lebenslauf.
- Unterschreiben Sie Ihren Lebenslauf nicht und setzen Sie kein Datum.

Weitere Informationen erhalten Sie auf der Internetseite der Europäischen Kommission unter: www.europass.cedefop.europa.eu/

Caroline Bison
21 rue Thiers
80000 Amiens
Tél. 02.22.32.46.13
E-mail : caroline.bison@gmail.com

Née le 3 octobre 1990 à Berlin
Nationalité française
Célibataire

TRILINGUE (FRANÇAIS, ALLEMAND, ANGLAIS)

Cinq années d'école primaire en RFA.
6 mois de stage chez HASGA en RFA.
Fréquents séjours en Grande-Bretagne.

FORMATION

2008	Baccalauréat
2010	Ecole supérieure de commerce
2011	B.T.S. Commerce International Cours du soir intensifs d'informatique à la Chambre de Commerce d'Amiens.

EXPERIENCES PROFESSIONNELLES

Depuis janvier 2013	Secrétaire-assistante à mi-temps au service financier du Groupe H 2 E (installations électriques industrielles et tertiaires) à Saint-Quentin.
Septembre - décembre 2012	Stagiaire chez PUBLICAT, Agence de Presse à Strasbourg, au secrétariat de rédaction (maîtrise de la mise en page informatique).
Avril - juillet 2012	Stagiaire à la Société Sodog (groupe automobile), Paris : secrétariat à la direction des opérations internationales.
Octobre 2011 - mars 2012	Stagiaire chez HASGA à Lüdenscheid en RFA : correspondancière (allemand et français).

DIVERS

Animatrice du club informatique à la Maison des Jeunes d'Amiens.
Sports : gymnastique, judo.
Hobby : peinture d'icônes.

Einladung zu einem Vorstellungsgespräch

Frau Bison kann sich freuen: Sie hat die Antwort erhalten, dass ihre Bewerbung in die engere Wahl gezogen wurde.

1 ____________________,

Nous vous remercions de votre candidature du 5 novembre 2 ____________________ de secrétaire-assistante 3 ____________________ notre entreprise.

Nous avons le plaisir de vous annoncer que celle-ci a particulièrement retenu notre attention.

Afin d'en 4 ____________________ 5 ____________________ une discussion approfondie, nous souhaiterions vous rencontrer le 15 novembre à 10 heures.

Nous vous prions de nous confirmer ce rendez-vous, par retour du courrier, par courriel ou en téléphonant au 02.27.38.57.13, poste 21.

Nous vous prions d'agréer, Mademoiselle, 6 ____________________.

▶ Brief 24: Lösung auf Seite 165

Setzen Sie mit Hilfe folgender Begriffe das Einladungsschreiben zu einem Vorstellungsgespräch auf:

1 *Die Anrede:*
Chère Mademoiselle
Très chère Madame
Mademoiselle

2 *Welche Präposition ist richtig?*
d'un poste
à un poste
sur un poste

3 *„in" unserem Unternehmen:*
à
au milieu de
au sein de

4 *„die Prüfung fortsetzen":*
continuer l'examination
reprendre l'examen
poursuivre l'examen

5 *Welche Präposition ist richtig?*
par
avec
pour

6 *Die Grußformel:*
notre considération distinguée
nos compliments
nos salutations distinguées

Textbausteine

Sich auf eine Anzeige beziehen

Comme suite à votre annonce parue dans... *(journal)*	Bezug nehmend auf Ihre Anzeige in ... *(Zeitung)*
J'ai relevé avec intérêt votre annonce parue dans...	Mit großem Interesse habe ich Ihre Anzeige in ... gelesen.
Votre annonce citée en référence a retenu mon attention.	Ihre oben erwähnte Anzeige hat mich aufmerksam gemacht.
Votre offre d'emploi citée en référence m'intéresse vivement.	Ihr oben erwähntes Stellenangebot interessiert mich sehr.
J'ai appris avec grand intérêt que votre société cherche à recruter...	Mit großem Interesse habe ich erfahren, dass Ihre Firma ... einstellen möchte.

Sich um eine Stelle bewerben

J'ai l'honneur de poser ma candidature au poste de...	Ich möchte mich um die Stelle als ... bewerben.
Je me permets de poser ma candidature au poste de...	Hiermit möchte ich mich um die Stelle als ... bewerben.
Je me permets de solliciter le poste de...	Ich erlaube mir, mich um die Stelle als ... zu bewerben.

Blindbewerbung

Etant actuellement à la recherche d'un (nouvel) emploi, je me permets de vous adresser mon curriculum vitae.	Da ich zur Zeit auf der Suche nach einer (neuen) Stelle bin, erlaube ich mir, Ihnen meinen Lebenslauf zuzusenden.
Je suis à la recherche d'un poste dans le domaine de...	Ich suche eine Stelle im Bereich ...
J'aimerais savoir s'il y aurait des possibilités de travail dans votre société.	Hiermit möchte ich mich nach der Möglichkeit einer Mitarbeit in Ihrer Firma erkundigen.
Je voudrais savoir si vous disposez d'un poste / si vous offrez un poste de...	Ich wüsste gern, ob Sie eine Stelle als ... anzubieten haben.
Je souhaiterais me joindre à l'équipe de vos collaborateurs.	Ich würde gern in Ihrem Team mitarbeiten.

Über sich und seine Berufserfahrung sprechen

Pendant ces... dernières années, j'ai été employé/e comme...	Während der letzten ... Jahre war ich als ... beschäftigt.
J'étais responsable de...	Ich war für ... verantwortlich.
Je m'occupais de...	Meine Aufgabe war ...

Je suis spécialisé/e en...	Mein Spezialgebiet ist ...
Actuellement j'occupe le poste de... / j'exerce l'emploi de...	Zur Zeit bin ich als ... beschäftigt.
J'ai été chargé/e de la création d'un service après-vente.	Ich war mit der Einrichtung des Kundendienstes beauftragt.
J'ai contribué activement à...	Ich habe aktiv an ... mitgewirkt.
J'ai participé à l'organisation de congrès.	Ich habe an der Organisation von Kongressen mitgewirkt.
J'ai assuré la liaison avec le responsable des services...	Ich war für den Kontakt zu dem Verantwortlichen der Abteilungen ... zuständig.
J'ai acquis une grande expérience dans la recherche marketing en travaillant dans le département marketing de Cocolo.	Ich konnte durch meine Arbeit in der Marketingabteilung von Cocolo vielfältige Erfahrungen auf dem Gebiet der Marktforschung sammeln.
Je parle couramment anglais et allemand.	Ich spreche fließend Englisch und Deutsch.
C'est une fonction pour laquelle je pense être parfaitement compétent/e.	Ich denke, für diese Aufgabe besonders geeignet zu sein.
Je pense avoir la formation nécessaire et les qualités requises pour le poste de...	Ich bin überzeugt, die für die Stelle als ... erforderliche Ausbildung und die gewünschten Fähigkeiten mitzubringen.
Je souhaite vivement assumer de nouvelles responsabilités à un poste de challenge.	Ich möchte sehr gern neue Verantwortung in einer anspruchsvollen Stellung übernehmen.
Je désire vivement approfondir mes connaissances dans le domaine de...	Ich möchte sehr gern meine Kenntnisse auf dem Gebiet ... vertiefen.

Auf seinen Lebenslauf verweisen

Ci-joint, vous trouverez mon curriculum vitae qui vous donnera de plus amples détails sur ma carrière à ce jour.	In der Anlage finden Sie meinen Lebenslauf mit weiteren Einzelheiten zu meiner bisherigen beruflichen Laufbahn.

Schlussformulierungen

Je me tiens à (votre) disposition pour fournir tout autre renseignement utile.	Zur Beantwortung weiterer Fragen stehe ich Ihnen gern zur Verfügung.
Je serais très heureux/-euse de pouvoir obtenir un entretien avec vous.	Ich würde mich sehr freuen, die Gelegenheit zu einem Gespräch mit Ihnen zu erhalten.
Je suis à votre entière disposition pour un entretien, au jour et à l'heure qui vous conviendront.	Wann immer es Ihnen recht ist, stehe ich gern für einen Gesprächstermin zur Verfügung.
Je ne pourrai venir à un entretien que le vendredi.	Gesprächstermine kann ich leider nur für freitags vereinbaren.

Je serai disponible à partir du 2 avril.	Ich bin ab dem 2. April verfügbar.
Dans l'attente de votre réponse que j'espère positive...	In der Hoffnung auf eine positive Antwort verbleibe ich ...

Eine Bewerbung annehmen

C'est avec un vif intérêt que nous avons examiné votre candidature à un poste de...	Mit großem Interesse haben wir Ihre Bewerbung für die Stelle als ... geprüft.
Nous avons le plaisir de vous informer que...	Wir freuen uns, Ihnen mitteilen zu können, dass ...
... votre candidature a été retenue.	... Ihre Bewerbung in die engere Wahl gezogen wurde.
... votre candidature pour le poste de... a été acceptée.	... Sie sich erfolgreich für die Stelle als ... beworben haben.
... vous êtes accepté/e pour le poste de...	... wir uns bezüglich der Stelle als ... für Sie entschieden haben.

Eine Bewerbung ablehnen

Nous avons le regret de vous informer que votre candidature n'a pas été retenue.	Wir müssen Ihnen leider mitteilen, dass Ihre Bewerbung nicht berücksichtigt werden konnte.
J'ai le regret de devoir vous informer que le poste est déjà pourvu.	Ich muss Ihnen leider mitteilen, dass die Stelle bereits vergeben ist.
Nous regrettons de n'avoir aucun poste vacant pour le moment.	Wir haben momentan leider keine Stelle frei.

Einen Gesprächstermin vorschlagen

Nous vous serions reconnaissants de bien vouloir vous présenter le... *(date)*, à... *(heure)*, ... *(lieu)*.	Wir wären Ihnen dankbar, wenn Sie sich am ... *(Datum)* um ... *(Uhrzeit)* in ... *(Ort)* vorstellen würden.

Anmerkungen

- Bringen Sie nicht die verschiedenen Ausdrücke mit dem Element **suite** durcheinander:
  à la suite de (= après) – *bezüglich, Bezug nehmend auf*
  comme suite à (= en réponse à) – *in Beantwortung, bezüglich*
  de suite (= à la file) – *hintereinander*
  tout de suite (= immédiatement) – *sofort*
  par suite de (= en raison de) – *wegen, aufgrund*

  Übrigens: Auch wenn rund 40 % der französischen Geschäftsbriefe mit „suite à" beginnen, ist dies nicht ganz korrekt, da es sich um eine verkürzte Form handelt. Verwenden Sie lieber **Comme suite à...** oder **A la suite de...**

- Wendungen, die Gefühle zum Ausdruck bringen, ziehen den **Subjonctif** nach sich: **être heureux/-euse** – *sich freuen,* **être surpris/e** – *überrascht sein,* **être étonné/e** – *erstaunt sein,* **être désolé/e** – *bedauern,* **regretter** – *bedauern,* **craindre** – *befürchten:* **Je suis heureuse que vous m'accordiez un entretien.**
- Verwechseln Sie nicht **la scolarité** – *die Schulausbildung,* **la formation** – *die (berufliche) Ausbildung,* **la culture** – *die Bildung* und **les études** – *das Studium.*

Sie sind dran!

1 Füllen Sie die Lücken in folgendem Bewerbungsschreiben.

Comme suite à votre annonce 1 ____________ dans « La Voix du Nord » 2 ____________ 23 juin, je me permets de vous 3 ____________ ma candidature pour le 4 ____________ de secrétaire au 5 ____________ de votre entreprise.

2 Auch dieses allgemein gehaltene Anschreiben muss noch vervollständigt werden.

Votre annonce 1 ____________ en référence 2 ____________ vivement. En effet, le poste que vous 3 ____________ correspond à celui que je 4 ____________. J'ai noté la perspective de 5 ____________ pour une entreprise leader de son 6 ____________ et la possibilité de mettre en pratique mes 7 ____________ en négociations commerciales.

3 Antworten Sie nun auf die folgende Annonce.

Société Conseil en Merchandising recherche son / sa

Responsable de clientèle.

Sa mission : Il / Elle sera chargé/e de grands budgets agro-alimentaires.
Son profil : Grande aptitude aux contacts commerciaux.
Formation : école de commerce ou équivalent.
Débutant/e ou 2 / 3 ans d'expérience professionnelle.

Adresser C.V. à :
Anne Dumarié, Actes d'achats, B.P. 23, 29107 Quimper,
a.dumarie@actesdachats.fr

▶ Lösung auf Seite 172

20 Persönliche Korrespondenz

Frau Fosset erfährt, dass ein ehemaliger Studienkollege die Leitung einer Schuhfabrik übernommen hat. Sie schickt ihm Glückwünsche.

Envoyé: vendredi 10 décembre 20...
De: c.fosset@etsbocuir.fr
A: j.meunier@bautta.fr
Objet: **Félicitations**

Cher Jean,

C'est avec joie que 1 ____________ 2 ____________ Président-directeur général de la société Bautta.

3 ____________ vivement pour cette promotion qui, en fait, ne m'étonne guère, connaissant 4 ____________ dans le domaine commercial. Déjà à l'université, tous les copains t'appelaient, pour se moquer un peu de toi, « Jean, tête de Président » : tu t'en souviens ? Eh bien ! ils avaient raison ! Et je suis sûre que ta carrière ne fait que commencer.

J'espère que, malgré 5 ____________ , tu trouveras encore le temps de te consacrer à ta petite famille et à tes amis.

Encore une fois toutes mes félicitations, mes compliments et 6 ____________ .

7 ____________ ,

Corine

Corine Fosset
Directrice Commerciale, Ets Bocuir & Fils
2 rue Thumesnil
59000 Lille Cedex
France

Tel +33 (0)3 38 37 02 29
Fax +33 (0)3 38 47 12 26
E-mail : c.fosset@etsbocuir.fr

▶ E-Mail 25: Lösung auf Seite 165

Helfen Sie Frau Fosset, ihre Glückwünsche in die richtige schriftliche Form zu bringen:

1 *„ich habe erfahren":*
j'ai su
j'ai été informée
j'ai appris

2 *„deine Ernennung zum ...":*
ton appel à
ta nomination au poste de
ta désignation comme

3 *„Ich gratuliere dir":*
Je te fais l'éloge
Je te félicite
Je t'adresse des éloges

4 *„deine Fähigkeiten und deine Kompetenz":*
tes capacités et ta compétence
tes qualités et ta capacité
tes possibilités et ton acquis

5 *„deine neuen Verantwortungen":*
tes récentes positions
tes obligations actuelles
tes nouvelles responsabilités

6 *Viel Erfolg wünschen:*
mes souhaits de pleine réussite
mes désirs de grands succès
mes vœux de réussite

7 *Die Grußformel:*
Cordialement
Toutes mes amitiés
Affectueusement

Einige Tage später beantwortet Frau Fosset die Neujahrswünsche ihrer Freundin Elisabeth.

1 ____________________,

2 ____________________ ta gentille lettre et tes bons vœux. A mon tour je t'envoie
3 ____________________ pour la nouvelle année. Qu'elle t'apporte santé, bonheur et prospérité et qu'elle nous donne l'occasion de nous revoir. Mais comme tu le sais, mes occupations professionnelles m'accaparent beaucoup et les semaines passent si vite.

Et puis 4 ____________________, j'avoue que mes pensées, depuis quelque temps, vont vers un certain Québécois (beau comme un Dieu !). Bref, je suis follement amoureuse.

J'ai cru comprendre que je ne le 5 ____________________ pas indifférent.
Comme on dit, « l'espoir fait vivre ».

En attendant de tout te raconter en détail, 6 ____________________.

Corine

▶ Brief 26: Lösung auf Seite 166

Helfen Sie Frau Fosset beim Beantworten des Briefes ihrer Freundin:

1 *Die Anrede:*
Très chère amie
Chère Mademoiselle
Chère Elisabeth

2 *Sich bedanken:*
Je t'adresse mes remerciements pour
J'ai le plaisir de te dire merci de
Merci pour

3 *Ein glückliches Jahr wünschen:*
tous mes souhaits de bonheur
tous mes vœux de bonheur
mes meilleurs souhaits

4 *Welche Wortstellung ist richtig?*
pour ne te cacher rien
pour te ne cacher rien
pour ne rien te cacher

5 *Welche Verbform ist richtig?*
laissai
laissais
laisserai

6 *Die Grußformel:*
je t'embrasse
amicalement
reçois mon meilleur souvenir

Textbausteine

Glückwünsche aussprechen

formell

Je vous adresse par cette lettre mes chaleureuses / plus vives félicitations pour votre récente nomination au poste de...	Hiermit möchte ich Ihnen meine herzlichsten Glückwünsche zu Ihrer kürzlichen Ernennung / Beförderung zum / zur ... übermitteln.
Nous avons été très heureux d'apprendre votre nomination à la présidence de la société et voudrions vous en féliciter bien sincèrement. Nous vous souhaitons une complète réussite dans la direction des affaires de cette entreprise florissante.	Wir haben uns gefreut zu hören, dass Sie in den Vorstand der Firma berufen wurden, und gratulieren Ihnen dazu herzlich. Wir wünschen Ihnen allen erdenklichen Erfolg bei der Leitung dieses florierenden Unternehmens.
Nous souhaitons vous adresser nos félicitations à l'occasion du centenaire de votre société.	Wir möchten Ihnen zum hundertjährigen Bestehen Ihrer Firma unsere Glückwünsche übermitteln.
Veuillez recevoir nos plus sincères félicitations.	Wir senden Ihnen unsere herzlichsten Glückwünsche.
Ma femme se joint à moi pour vous adresser nos plus sincères félicitations.	Meine Frau und ich gratulieren Ihnen ganz herzlich.

informell

Nous venons d'apprendre la bonne nouvelle. Toutes nos félicitations pour vous et votre femme / mari pour la naissance de votre bébé à qui nous souhaitons une longue et belle vie.	Wir haben soeben von dem freudigen Ereignis gehört. Ihnen und Ihrer Frau / Ihrem Mann die herzlichsten Glückwünsche zur Geburt Ihres kleinen Jungen / Ihrer kleinen Tochter, dem / der wir ein langes und schönes Leben wünschen.
Tous nos vœux de bonheur / de bienvenue dans ce monde au petit Marc.	Dem kleinen Marc unsere herzlichsten Glückwünsche / ein herzliches Willkommen auf dieser Welt.
C'est avec une grande joie que nous avons reçu ton faire-part de mariage et nous nous empressons de t'adresser nos plus vives félicitations.	Deine Heiratsanzeige haben wir mit großer Freude erhalten. Wir gratulieren dir ganz herzlich.
Nous adressons aux jeunes mariés tous nos vœux de bonheur.	Wir senden dem jungen Paar all unsere Glückwünsche.
Je te souhaite un très joyeux anniversaire.	Ich wünsche dir alles Gute zum Geburtstag.
Reçois, ma chère, mes compliments et mes félicitations.	Ich sende dir, meine Liebe, meine besten Glückwünsche.
Nous te souhaitons beaucoup de succès.	Wir wünschen dir viel Erfolg.
Bravo et bonne chance.	Bravo und viel Glück!
Nos / Mes compliments pour cette réussite.	Unsere / Meine Glückwünsche zu diesem Erfolg.

Gute Wünsche zum Jahreswechsel

formell

M. et Mme Marin vous présentent leurs vœux de bonne et heureuse année.	Alles Gute im neuen Jahr wünschen euch / Ihnen Herr und Frau Marin.
Permettez-moi de vous souhaiter, Monsieur le Directeur, ainsi qu'à votre famille une heureuse année.	Erlauben Sie mir, sehr geehrter Herr Direktor, Ihnen und Ihrer Familie ein glückliches neues Jahr zu wünschen.
Nous vous souhaitons ainsi qu'à votre famille un joyeux Noël et une très bonne année 20... .	Wir wünschen Ihnen und Ihrer Familie ein frohes Weihnachtsfest und ein glückliches Jahr 20 ... .

informell

Nous vous souhaitons à tous un Joyeux Noël, une très bonne année et une excellente santé !	Wir wünschen euch allen fröhliche Weihnachten, ein gutes neues Jahr und beste Gesundheit!

Tous nos meilleurs vœux pour Noël et le Nouvel An !	Frohe Weihnachten und ein gutes neues Jahr!
Nous espérons que cette nouvelle année t'apportera la réalisation de tous tes projets.	Wir hoffen, dass sich in diesem neuen Jahr alle deine Vorhaben verwirklichen lassen.
Je te souhaite de tout cœur une excellente année 20... .	Ich wünsche dir von ganzem Herzen alles Gute für das Jahr 20... .
Nous vous souhaitons de très bonnes fêtes de fin d'année.	Wir wünschen euch schöne Festtage / Feiertage.

Kondolenzschreiben

formell

Monsieur et Madame Legrand et leurs enfants adressent leurs sincères condoléances à Madame Jeanne Dufeu.	Herr und Frau Legrand und ihre Kinder möchten Frau Jeanne Dufeu ihr herzliches Beileid aussprechen.
J'ai été profondément attristé/e d'apprendre la disparition soudaine de M. Rigou, que nous connaissions comme un membre remarquable de votre équipe et comme un grand ami. Tous les membres de la société Compat transmettent leur profonde expression de sympathie à sa famille et à ses proches.	Die Nachricht vom plötzlichen Tod von Herrn Rigou, den wir alle als hervorragenden Mitarbeiter Ihres Teams und als guten Freund kannten, hat mich tief erschüttert. Wir alle von der Firma Compat möchten seiner Familie und seinen Freunden unser tiefes Mitgefühl ausdrücken.
Permettez-nous de vous assurer de l'expression de notre profonde tristesse.	Gestatten Sie uns, Sie unserer aufrichtigen Anteilnahme zu versichern.

weniger formell

Nous avons été profondément touchés d'apprendre la tragique disparition de Marie. C'est une grande perte pour tous ceux qui l'ont connue. Nous partageons votre peine et vous prions de recevoir nos sincères condoléances.	Die Nachricht von Maries tragischem Tod hat uns mit tiefer Trauer erfüllt. Er bedeutet einen großen Verlust für alle, die sie kannten. Wir teilen Ihren Schmerz und möchten Ihnen unser herzliches Beileid aussprechen.
C'est avec une profonde émotion que nous avons appris le malheur qui te frappe. Nous sommes de tout cœur avec toi dans cette dure épreuve.	Mit tiefer Erschütterung haben wir von dem Unglück erfahren, von dem du betroffen wurdest. Mit ganzem Herzen sind wir in dieser Zeit der schweren Prüfung bei dir.

Genesungswünsche

formell

J'ai été navré/e d'apprendre que vous êtes tombé/e malade. J'espère que cela n'est pas trop grave. Je vous prie d'accepter tous mes vœux de meilleure santé.	Es tat mir leid zu erfahren, dass Sie krank geworden sind. Ich hoffe, es ist nichts allzu Ernstes, und wünsche Ihnen baldige Genesung.

Nous avons été navrés d'apprendre votre accident. Cependant nous avons été soulagés de savoir que vous avez évité le pire. Nous vous adressons tous nos meilleurs vœux de complet et prompt rétablissement.	Die Nachricht von Ihrem Unfall tat uns sehr leid. Wir waren jedoch erleichtert zu hören, dass Sie das Schlimmste überstanden haben, und senden Ihnen die besten Wünsche für eine vollständige und schnelle Genesung.

informell

Je viens d'apprendre que tu as été opéré/e. J'espère que tout s'est très bien passé et que tu es en bonne voie de guérison.	Ich habe soeben erfahren, dass du operiert wurdest. Ich hoffe, du hast alles gut überstanden und bist auf dem Weg der Besserung.
Nous espérons que tu vas déjà beaucoup mieux.	Wir hoffen, dass es dir schon viel besser geht.
J'espère que tu vas vite te remettre / reprendre des forces.	Ich hoffe, dass du dich schnell erholen wirst / schnell wieder zu Kräften kommen wirst.
Rétablis-toi bien vite !	Werd schnell wieder gesund!

Anmerkungen

- Merken Sie sich einige Wendungen, die Gefühle ausdrücken:
  C'est avec (une grande) joie que..., C'est avec (grand) plaisir que..., C'est avec surprise que..., C'est avec (une grande) tristesse que..., C'est avec (une profonde / beaucoup d') émotion que...
- In Frankreich kann man sich mit dem Versenden der Neujahrswünsche ruhig etwas Zeit lassen: Bis Ende Januar gilt man noch nicht als unhöflich.

Sie sind dran!

1 Füllen Sie die Lücken in diesen Genesungswünschen.

J'ai été navré/e **1** ______________ que vous avez **2** ______________ un accident. Cependant j'ai été très **3** ______________ de savoir que ce n'est pas **4** ______________ . Je vous adresse **5** ______________ de prompt **6** ______________ .

2 Auch die Neujahrswünsche an einen Geschäftspartner müssen vervollständigt werden!

En cette fin d'année, je **1** ______________ à vous présenter **2** ______________ pour 20... . Je **3** ______________ vivement que cette **4** ______________ année soit celle d'un nouvel essor de nos relations commerciales.

▶ Lösung auf Seite 172

21 Telefonieren

Alle Dialoge in diesem Kapitel sowie sämtliche Textbausteine (ab Seite 149) können Sie unter der Adresse **www.pons.de/buerokommunikation-franzoesisch im Internet anhören und herunterladen.** Hier im Buch sind die Nummern der Trackpunkte angegeben.

Drei alltägliche Situationen

Man versucht, jemanden in seinem Büro telefonisch zu erreichen - mit oder ohne Erfolg.

Situation 1: weitervermitteln ⤓ 1

Dumont : Ets Bocuir & Fils, bonjour ! France Dumont à l'appareil.
Schmidt : Bonjour ! 1 ________________ Mme Dubois, s'il vous plaît.
Dumont : C'est de la part de qui ?
Schmidt : Peter Schmidt de la Société Belles Maisons.
Dumont : Ne quittez pas, je vous 2 ________________.

▶ Text 27: Lösung auf Seite 166

Situation 2: eine Nachricht hinterlassen ⤓ 2

Dumont : Ets Bocuir & Fils, bonjour ! France Dumont à l'appareil.
Schmidt : Bonjour! Pourriez-vous me passer M. Dupuis du service de la comptabilité, s'il vous plaît ?
Dumont : Oui, un instant, je vous prie. Qui est 3 ________________, s'il vous plaît ?
Schmidt : Peter Schmidt de la Société Belles Maisons.
Dumont : M. Schmidt, M.Dupuis est en réunion avec des visiteurs japonais. Voulez-vous lui 4 ________________ un message ?
Schmidt : Oui, s'il vous plaît. Pourriez-vous lui dire que Peter Schmidt, j'épelle : S comme Suzanne, c-h-m-i-d-t, a un besoin urgent des derniers documents PDF et qu'il me les envoie par mél ?
Dumont : Laissez-moi 5 ________________, s'il vous plaît.
Schmidt : Mon adresse mél, c'est : Schmidt, suivi de arobase, puis belles maisons au pluriel et en un seul mot, point fr.
Dumont : D'accord, 6 ________________ : schmidt@bellesmaisons.fr, c'est ça ?
Schmidt : Oui, c'est bien ça. Je vous remercie.
Dumont : Je vous en prie, M. Schmidt. Au revoir.
Schmidt : Au revoir.

▶ Text 28: Lösung auf Seite 166

Situation 3: nach Kontaktdaten fragen 3

Dumont : Ets Bocuir & Fils, bonjour ! France Dumont à l'appareil.
Schmidt : Bonjour ! J'aimerais parler à Mme Dubois, s'il vous plaît.
Dumont : Oui, de la part de qui ?
Schmidt : Peter Schmidt de la Société Belles Maisons.
Dumont : Un instant, je vous prie. Je suis désolée, elle 7 ________________.
Puis-je vous aider ?
Schmidt : Pouvez-vous me donner son 8 ________________ pour que je
9 ________________ 10 ________________ plus facilement ?
Dumont : C'est le trente-deux, quatre-vingt-quatorze.
Schmidt : Le trois, deux, huit, quatre...
Dumont : Non, c'est le trois, deux, neuf, quatre.
Schmidt : Je vous remercie. Au revoir.
Dumont : Au revoir.

▶ Text 29: Lösung auf Seite 166

Vervollständigen Sie die Telefongespräche mit Hilfe folgender Wendungen:

1 *„Ich hätte gerne (mit) ... gesprochen“:*
donnez-moi
je voudrais parler à
je veux parler à

2 *Mit Frau Dubois verbinden:*
lui transfère
la passe
la communique

3 *Am Telefon sein:*
à l'appareil
à l'écouteur
au fil

4 *Welches Verb ist richtig?*
laisser
donner
passer

5 *„Ihre Telefonnummer“:*
vos téléphones
vos coordonnées
vos conversations

6 *„ich wiederhole“:*
je redis
j'épelle
je répète

7 *Sie „spricht gerade“:*
est en appel à l'autre téléphone
est en train de parler
est en communication sur une autre ligne

8 *„Durchwahl“:*
numéro complet
numéro direct
numéro d'appel

9 *Die richtige Verbform nach der Konjunktion „pour que“:*
peuve
peut
puisse

10 *„mich erreichen“:*
la joindre
la connecter
la communiquer

Eine Reservierung vornehmen 4

Alexandre Schneider absolviert gerade ein Praktikum bei der Firma Bocuir in Frankreich. Für eine größere Besprechung muss er im Hotel einen Konferenzraum reservieren.

Dupontel : Hôtel Henri IV, Marianne Dupontel, bonjour...
Schneider : Bonjour Madame, Alexandre Schneider de la société Bocuir & Fils. Je voudrais réserver une salle de conférence pour les journées des 18 et 19 octobre 20... s'il vous plaît.

Dupontel : Oui, 1 ____________________?
Schneider : Seize personnes.
Dupontel : Alors, un instant, je vérifie l'agenda... Oui, c'est possible. Nous avons une salle de conférence de 50 mètres carrés pour 352,- € la journée. 2 ____________________?

Schneider : Quel équipement 3 ____________________?
Dupontel : Toutes nos salles sont équipées avec écran tactile, vidéoprojecteur, flipchart, pupitre, accès WIFI. Il y a l'air conditionné et une isolation phonique bien sûr.

Schneider : Excusez-moi, 4 ____________________. Qu'est-ce que c'est „l'air conditionné" ?
Dupontel : C'est la climatisation.
Schneider : Ah oui, d'accord. Je comprends.
Dupontel : Souhaitez-vous prendre les repas du midi dans notre établissement ?
Schneider : Oui, si possible. Qu'est-ce que vous proposez ?
Dupontel : Nous avons une formule à 25,- € par personne et par jour qui comprend boissons et petits fours sucrés à volonté durant la journée et un menu 2 plats pour le midi.

Schneider : Pardon, mais 5 ____________________ s'il vous plaît ?
Dupontel : Oui, bien sûr. Excusez-moi. Je répète : la formule coûte 25,- par personne et par jour. Dans cette formule, il y a des boissons et des petits gâteaux pendant toute la journée et un menu composé de deux plats le midi.
Schneider : D'accord. Nous allons prendre la formule, C'est parfait.
Dupontel : Est-ce que vous souhaitez aussi réserver des chambres pour la nuit du 18 au 19 ?
Schneider : Non merci, ce n'est pas nécessaire.
Dupontel : Alors je vous envoie une confirmation de réservation par e-mail. 6 ____________________ une adresse à me communiquer ?
Schneider : Oui,c'est : schneider, s-c-h-n-e-i-d-e-r arobase bocuir point fr.
Dupontel : Très bien. Je vous remercie de votre réservation et vous souhaite une bonne fin de journée.
Schneider : Merci. Pour vous aussi. Au revoir.
Dupontel : Au revoir.

▶ Text 30: Lösung auf Seite 167

Vervollständigen Sie das Telefongespräch mit Hilfe folgender Wendungen:

1 *„wie viele Personen?":*
Combien êtes-vous
pour combien de personnes
Qui sera là

2 *"ob es Ihnen passt":*
Est-ce que ça vous convient
Est-ce que vous êtes d'accord
Est-ce que ça va

3 *Zur Verfügung stellen:*
laissez-vous dans la salle
autorisez-vous
mettez-vous à disposition

4 *„Ich habe nicht alles verstanden, was Sie gesagt haben."*
je n'ai pas compris tout ce que vous avez dit
je n'ai rien compris de ce que vous avez dit
je ne comprends pas ce que vous dites

5 *„könnten Sie langsamer sprechen":*
parlez plus doucement
pourriez-vous parler plus lentement
pouvez-vous parler plus bas

6 *„hätten Sie":*
Avez-vous
Aviez-vous
Auriez-vous

Eine Reklamation 5

Peter Steiner muss sich bei der Firma Bocuir beschweren. Seine Lieferung ist noch nicht angekommen. Er hat schon zwei E-Mails geschrieben, ohne Antwort.

Seguin: Société Bocuir & Fils, Hélène Seguin, Bonjour.
Steiner: Bonjour Madame, Peter Steiner à l'appareil. Pourrais-je parler à une personne du service client s'il vous plaît ?
Seguin: oui, ne quittez pas.
....
Leroux: Sylvie Leroux, bonjour.
Steiner: Bonjour Madame. Peter Steiner de la société Lederlädle. Je vous ai passé une commande de sacs à main qui **1** ________________ le 3 mai, c'est à dire il y a 15 jours. Depuis, je vous ai envoyé deux e-mails vous demandant pourquoi ma commande n'était toujours pas arrivée, mais je n'ai eu aucune réponse. J'aimerais bien savoir ce qui se passe ?!
Leroux: Je suis vraiment désolée de ce **2** ________________, Monsieur Steiner, mais je suis sûre que nous allons trouver une explication. Pourriez-vous me rappeler le numéro de votre commande, s'il vous plaît ?
Steiner: Oui, c'est la commande numéro 97F53JZ.
Leroux: Alors... vous aviez commandé 30 sacs à mains modèle Andalousie. C'est ça ?
Steiner: C'est ça. Et la livraison était prévue le 3 mai.
Leroux: Oui, en effet. Ah, mais en début de mois nous avons eu des problèmes avec le transporteur. La livraison a été reportée au 23 mai. Vous auriez dû être informé du retard.
Steiner: Peut-être, mais je n'ai reçu aucune information **3** ________________.
Leroux: Je sais que nous avons eu aussi des problèmes de connexion informatique et certains courriels n'ont pas été transmis correctement, ce qui explique que nous n'avons probablement pas reçu vos e-mails non plus.
Steiner: Bon d'accord, cela peut arriver. Mais vous comprenez que cela m'a fait perdre des ventes importantes. J'espérais avoir ces sacs pour la foire du cuir cette semaine. Par conséquent, je me permets de vous **4** ________________.
Leroux: Je comprend tout à fait les ennuis que cela vous a **5** ________________. **6** ________________ je vous propose de vous facturer les sacs à 50% du prix catalogue, si ça vous convient.
Steiner: Oui, j'accepte très volontiers. Honnêtement, j'étais un peu surpris, car nous avons jusqu'à présent toujours été satisfaits de la qualité de vos services.
Leroux: Nous ferons tout notre possible pour que cela ne se reproduise pas et j'espère que cet **7** ________________ n'altérera pas nos relations commerciales.
Steiner: Mais, moi de même.
Leroux: Je vous remercie de votre compréhension.
Steiner: Je vous en prie. Alors au revoir Madame Leroux.
Leroux: Au revoir Monsieur Steiner.

▶ Text 31: Lösung auf Seite 167

Vervollständigen Sie das Telefongespräch mit Hilfe folgender Wendungen:

1 *„sollte geliefert werden":*
aurait dû être livrée
aurait pu être livrée
serait livrée

2 *„Unannehmlichkeiten":*
gêne
contretemps
perturbation

3 *„von Ihrer Seite":*
de vos côtés
de votre côté
de votre part

4 *Schadenersatz verlangen:*
demander des inconvénients et intérêts
demander des dommages et intérêts
demander des remplacements d'intérêts

5 *verursacht:*
causés
produits
présentés

6 *„als Entschädigung":*
En intérêt
En dédommagement
En avantages

7 *„Vorfall":*
accident
inconvénient
incident

Sätze für automatische Antworten auf dem Anrufbeantworter 6

Wenn Sie in Frankreich eine Firma anrufen, könnten Sie folgende automatischen Antworten zu hören bekommen:

1 *Sie werden um das Hinterlassen einer Nachricht gebeten:* Vous êtes bien à la Société Bocuir et Fils. Nos bureaux sont ouverts du lundi au vendredi de 9h00 à 18h00. Veuillez laisser un message et vos coordonnées après le bip sonore. 1 ______________.

2 *Sie müssen eine Taste wählen, um an die richtige Stelle verbunden zu werden:* Bonjour. Vous êtes 2 ______________ avec la Société Bocuir et Fils. Pour obtenir le service client, tapez 1. Pour obtenir le service de la comptabilité, tapez 2. Pour obtenir le service des achats, tapez 3. Si vous désirez laisser un message sur notre répondeur, tapez 4. Merci de votre appel.

3 *Sie werden um ein wenig Geduld gebeten:* Société Bocuir et Fils, bonjour.
3 ______________, un opérateur va donner suite à votre appel.

4 *Sie müssen noch einmal zu einem anderen Zeitpunkt anrufen:* Société Bocuir et Fils, bonjour. Nos bureaux sont fermés 4 ______________. Merci de renouveler votre appel du lundi au vendredi de 9h00 à 18h00.

5 *Ihr persönlicher Ansprechpartner bittet Sie um eine Nachricht auf dem Anrufbeantworter:* Bonjour. Vous êtes bien sur la boîte vocale de Sylvie Leroux. Je ne peux vous répondre actuellement, mais laissez-moi un message ainsi que vos coordonnées et je vous

5 ____________________ dès mon retour. Merci.

▶ Text 32: Lösung auf Seite 168

Vervollständigen Sie die Sätze mit Hilfe folgender Wendungen:

1 *„Vielen Dank für Ihren Anruf.":*
Merci de votre appel
Merci de votre communication
Merci d' avoir appelé

2 *verbunden mit:*
en ligne
en communication
en liaison

3 *„Bitte haben Sie etwas Geduld.":*
Merci d'attendre
Pouvez-vous patienter
Veuillez patienter

4 *zurzeit:*
actuellement
en ce moment
à l'instant

5 *zurückgerufen werden:*
appellerai
rappellerai
téléphonerai

Textbausteine

Sich melden, wenn das Telefon klingelt ⤓ 7

Société Blanchard, bonjour ! Dupont à l'appareil.	Société Blanchard, guten Tag! Sie sprechen mit Herrn / Frau Dupont.
Clément et frères, bonjour ! Josée Lelièvre à l'appareil. Que puis-je faire pour vous ?	Clément et frères, guten Tag! Josée Lelièvre am Apparat. Was kann ich für Sie tun?
Allô ? Julie Morel à l'appareil.	Guten Tag! Julie Morel am Apparat.

Seinen Namen nennen (Anrufer) ⤓ 8

Allô ? Bonjour, ici Jean Langlois de chez Clément et frères.	Guten Tag, mein Name ist Jean Langlois von Clément et frères.
Bonjour, Madame. C'est Pierre Michaud à l'appareil, de la société Alpha.	Guten Tag, hier ist Pierre Michaud von der Firma Alpha.

Nach dem Namen fragen ⤓ 9

C'est M. Gagnon ?	Herr Gagnon?
▶ Oui, lui-même.	▶ Ja, das bin ich.

Bonjour, c'est bien Mme Roy à l'appareil ?	Guten Tag, spreche ich mit Frau Roy?
▶ C'est moi-même. Bonjour.	▶ Ja, das bin ich. Guten Tag.
Qui est à l'appareil, s'il vous plaît ?	Mit wem spreche ich bitte?
C'est de la part de qui ?	Wer ist am Apparat?

Nach dem richtigen Gesprächspartner suchen 10

Je voudrais parler à Mme Martin, s'il vous plaît.	Ich hätte gerne Frau Martin gesprochen, bitte./ Könnte ich bitte mit Frau Martin sprechen?
Est-ce que M. Picard est là ?	Ist Herr Picard zu sprechen?
J'aimerais parler à quelqu'un du service des ventes, si c'est possible.	Ich würde gerne mit jemandem aus der Verkaufsabteilung sprechen.
Pourriez-vous me passer le service client/ le service clientèle, je vous prie ?	Können Sie mich bitte mit dem Kundenservice verbinden?
Oui, bonjour ! Le département de la comptabilité, s'il vous plaît.	Guten Tag! Die Buchhaltung, bitte.
Serait-il possible d'avoir le numéro de téléphone de Mme Martin, s'il vous plaît ?	Könnte ich bitte die Telefonnummer von Frau Martin haben?
Pouvez-vous me donner son numéro direct ?	Könnten Sie mir bitte seine / ihre Durchwahl geben?
Savez-vous où je peux joindre Mme Martin ? Je l'ai appelée plusieurs fois à son numéro habituel, mais ça ne répond pas.	Wissen Sie, wo ich Frau Martin erreichen kann? Ich habe es schon ein paar Mal unter ihrer Nummer versucht, aber es meldet sich niemand.

Weitervermitteln 11

Un instant, s'il vous plaît, je vous mets en communication avec lui / elle.	Einen Moment, ich verbinde Sie.
Ne quittez pas, je vous le / la passe.	Einen Augenblick bitte, ich stelle Sie durch.
Un instant, s'il vous plaît, je vais voir s'il/ si elle est là.	Einen Moment bitte, ich schaue, ob er / sie da ist.
Ne quittez pas, je vous passe le service compétent.	Bleiben Sie dran, ich verbinde Sie mit dem zuständigen Kollegen / der zuständigen Abteilung.

Der Gesprächspartner ist nicht erreichbar ⤓ 12

Madame Dupont	Frau Dupont
... est en communication sur une autre ligne.	... spricht gerade.
... est en réunion.	... ist in einer Besprechung.
... n'est malheureusement pas là pour le moment.	... ist im Moment leider nicht da.
... n'est pas dans son bureau en ce moment.	... ist nicht am Platz.
... est absent/e.	... ist außer Haus.
... est allé/e déjeuner.	... macht Mittagspause.

Falsch verbunden ⤓ 13

Je crois que vous faites erreur. Il n'y a personne de ce nom dans notre société.	Tut mir leid, aber ich glaube, das ist ein Irrtum. Wir haben niemanden mit diesem Namen in unserer Firma.
▶ C'est bien le 03.22.47.78.89 ?	▶ Ist dort die 03.22.47.78.89?
Non, ici c'est le 03.22.47.78.99	Nein, dies ist die Nummer 03.22.47.78.99.
▶ Je suis bien chez Monsieur Martin ?	▶ Bin ich richtig bei Herrn Martin?
Êtes-vous sûr que vous avez le bon numéro ?	Sind Sie sicher, dass Sie die richtige Nummer gewählt haben?
Vous avez fait un faux numéro.	Sie haben sich verwählt.

Hilfe anbieten, wenn jemand nicht erreichbar ist ⤓ 14

Je regrette, Mme Dupont est absente pour le moment. Puis-je vous aider ?	Es tut mir leid, Frau Dupont ist im Moment außer Haus. Kann ich Ihnen weiterhelfen?
Je peux vous renseigner ?	Kann ich Ihnen vielleicht weiterhelfen?
Voulez-vous laisser un message ?	Möchten Sie eine Nachricht hinterlassen?
Doit-elle / il vous rappeler ?	Soll sie / er Sie zurückrufen?
Quelles sont vos coordonnées ?	Wie ist Ihre Telefonnummer?
▶ Pourriez-vous lui demander de me rappeler ?	▶ Könnten Sie ihn / sie bitten, mich zurückzurufen?
▶ Quand puis-je le / la rappeler ?	▶ Wann ist er / sie wieder erreichbar?
Je lui dirai que vous avez appelé.	Ich gebe ihm/ihr Bescheid, dass Sie angerufen haben.
Je lui dis de vous rappeler dès son retour.	Ich sage ihm / ihr, er / sie möge Sie anrufen, sobald er / sie zurück ist.
Je lui transmettrai le message.	Ich werde ihr / ihm die Nachricht weiterleiten.

Verständigungsschwierigkeiten ⤓ 15

Je vous entends très mal.	Ich verstehe Sie sehr schlecht.
Excusez-moi. Je ne vous entends pas. La ligne est mauvaise.	Tut mir leid. Ich höre Sie nicht. Die Verbindung ist schlecht.
Pourriez-vous parler plus fort, s'il vous plaît ?	Könnten Sie bitte lauter sprechen?
Pourriez-vous répéter, s'il vous plaît ?	Könnten Sie bitte wiederholen?
La ligne est mauvaise. Je vais vous appeler encore une fois.	Die Verbindung ist schlecht. Ich werde noch einmal anrufen.
On nous a interrompus.	Wir wurden unterbrochen.
Pardon ? Je n'ai pas bien compris.	Entschuldigung. Das habe ich nicht verstanden.
Pardon, je ne parle pas très bien français. Pourriez-vous parler un peu plus lentement, s'il vous plaît ?	Entschuldigung, mein Französisch ist leider nicht sehr gut. Könnten Sie bitte etwas langsamer sprechen?

Mobiltelefon ⤓ 16

Il peut aussi me joindre sur mon portable.	Er kann mich auf dem Handy erreichen.
Pourriez-vous me donner son numéro de portable, s'il vous plaît ?	Könnten Sie mir bitte seine / ihre Handynummer geben?
Son portable est éteint.	Er / Sie hat das Handy ausgeschaltet.
J'ai laissé un message sur sa boîte vocale.	Ich habe auf seine / ihre Mailbox gesprochen.
Avez-vous reçu mon SMS / Texto ?	Haben sie meine SMS bekommen?
La batterie de mon portable est vide. Je dois la recharger.	Der Akku meines Handys ist leer. Ich muss ihn aufladen.
La réception est mauvaise ici. Je ne vous entends pas très bien.	Der Empfang hier ist schlecht. Ich kann Sie kaum verstehen.
J'arrive dans un tunnel. Nous serons bientôt coupés.	Die Verbindung wird gleich abbrechen, ich fahre gerade in einen Tunnel.

Eine Reservierung vornehmen ⤓ 17

Pour combien de personnes ?	Für wie viele Personen?
Est-ce que ça vous convient ?	Passt das Ihnen?
Quel équipement mettez-vous à disposition ?	Welche Ausstattung stellen Sie zur Verfügung?
Qu'est-ce que vous proposez ?	Was schlagen Sie vor?
Auriez-vous une adresse e-mail à me communiquer ?	Hätten Sie noch eine E-Mail-Adresse für mich?

Reklamieren  18

Pourrais-je parler à une personne du service client ?	Könnte ich mit jemandem vom Kundenservice sprechen ?
Ma commande aurait dû être livrée le ... (date).	Meine Bestellung sollte am ... (Datum) geliefert werden.
Je n'ai eu aucune réponse.	Ich habe keine Antwort erhalten.
Je n'ai reçu aucune information de votre part.	Ich habe von Ihrer Seite keinerlei Information bekommen.
J'aimerais bien savoir ce qui se passe.	Ich würde gern wissen, was los ist.
Honnêtement, j'étais un peu surpris...	Ehrlich gesagt, war ich etwas überrascht ...
Je me permets de vous demander des dommages et intérêts.	Ich werde mir erlauben, Schadenersatz von Ihnen zu verlangen.
Cela peut arriver.	Das kann passieren.

Eine Reklamation annehmen  19

Je suis vraiment désolée de ce contretemps.	Dieser Vorfall tut mir echt leid.
La livraison a été reportée au... (date).	Die Lieferung wurde auf ... (Datum) verschoben.
Nous n'avons probablement pas reçu vos e-mails.	Wir haben Ihre E-Mails wahrscheinlich gar nicht erhalten.
Je comprend tout à fait les ennuis que cela vous a causés.	Ich verstehe vollkommen, dass Sie darüber verärgert sind.
En dédommagement je vous propose...	Als Entschädigung schlage ich Ihnen vor ...
J'espère que cet incident n'altérera pas nos relations comerciales.	Ich hoffe dass dieser Vorfall unsere geschäftlichen Beziehungen nicht beeinträchtigen wird.

Das Gespräch beenden  20

Je vous remercie beaucoup. Au revoir.	Ich danke Ihnen (vielmals). Auf Wiederhören.
Merci de m'avoir aidé. Au revoir.	Vielen Dank für die Hilfe. Tschüss.
Bon, je vais vous confirmer tout ça par e-mail / courriel.	Gut, ich bestätige alles per E-Mail.

Anrufbeantworter ⤓ 21

Vous êtes en communication avec la Société Bocuir et Fils.	Sie sind mit der Firma Bocuir verbunden.
Vous êtes bien à la Société Dumont.	Sie sind verbunden mit der Firma Dumont.
Merci de renouveler votre appel.	Versuchen Sie es bitte erneut.
Notre bureau est actuellement fermé.	Unser Büro ist zur Zeit nicht besetzt.
Vous appelez après les heures d'ouverture.	Sie rufen außerhalb unserer Geschäftszeiten an.
Je vous rappellerai dès mon retour.	Ich werde Sie zurückrufen, sobald ich wieder da bin.
S'il vous plaît, laissez votre nom et votre numéro de téléphone et nous vous rappellerons dès que possible.	Bitte hinterlassen Sie Ihren Namen und Ihre Telefonnummer, wir rufen Sie baldmöglichst zurück.
Pour obtenir le service client, tapez 1.	Um mit dem Kundenservice verbunden zu werden, wählen Sie die 1.
S'il vous plaît, laissez un message après le bip sonore.	Bitte sprechen Sie nach dem Signalton.
Veuillez laisser un message et vos coordonnées.	Bitte hinterlassen Sie Ihre Nachricht und Ihre Kontaktdaten.
Merci de votre appel.	Vielen Dank für Ihren Anruf.
Toutes les lignes sont occupées. Ne quittez pas. Nous vous répondrons dans les plus brefs délais.	Alle Mitarbeiter sind zur Zeit beschäftigt. Bitte legen Sie nicht auf, Sie werden gleich bedient.
Veuillez patienter, un opérateur va donner suite à votre appel/nous allons donner suite à votre appel.	Bitte haben Sie etwas Geduld, Ihr Anruf wird gleich entgegengenommen.

Eine Nachricht auf dem Anrufbeantworter hinterlassen ⤓ 22

Bonjour, c'est Amandine Pierrot, mon numéro de téléphone est le...	Guten Tag, hier ist Amandine Pierrot, meine Telefonnummer ist ...
J'ai un message pour Monsieur Laruelle.	Ich habe eine Nachricht für Herrn Laruelle.
Pourriez-vous me rappeler le plus rapidement possible / au cours de la journée?	Würden Sie mich bitte so bald wie möglich / im Laufe des Tages zurückrufen?
C'est urgent.	Es ist dringend.
Merci, au revoir.	Vielen Dank, auf Wiederhören.

Anmerkungen

- Wenn Sie von Deutschland nach Frankreich telefonieren wollen, gehen Sie folgendermaßen vor:

  Wählen Sie die Vorwahl / Kennziffer für Frankreich **0033 +** die Vorwahl für die Zone / Region ohne die 0.
  (Frankreich ist in 5 große Zonen / Regionen aufgeteilt:
  01 = Ile de France; **02 = Nord-Ouest**: Bretagne, Haute- et Basse-Normandie, Pays de Loire, Centre; **03 = Nord-Est**: Pas-de-Calais, Picardie, Bourgogne, Lorraine, Alsace, Franche-Comté; **04 = Sud-Est**: Auvergne, Rhône-Alpes, Provence-Alpes-Côte d'Azur, Corse, Languedoc-Roussillon; **05 = Sud-Ouest**: Poitou-Charentes, Aquitaine, Midi-Pyrénées.)
  Handynummern fangen mit 06 und seit Mitte 2010 mit 07 an. Mit 08 beginnen die speziell tarifierten Nummern. Unter 09 findet man die Internettelefonie.

  Beispiel: Die Telefonnummer Ihres Gesprächspartners ist die 01.56.87.08.70.
  Wählen Sie 0033.**1**.56.87.08.70.

  Die Landesvorwahl für Deutschland von Frankreich aus lautet **0049**.

- In den französischsprachigen Ländern meldet man sich normalerweise einfach mit **Allô ?** oder **Oui, bonjour**, ohne seinen Namen zu nennen. Im geschäftlichen Umfeld ist es allerdings üblich, sich mit Namen bzw. mit Firmennamen und Namen zu melden:
  Bonjour, Pierre Dumont à l'appareil.
  Société Blanchard, bonjour ! (Pierre) Dumont à l'appareil.

- Manchmal ist es notwendig, am Telefon beispielsweise einen Namen zu buchstabieren, was meist nicht ganz einfach ist. Am besten benutzen Sie dazu das französische Buchstabieralphabet (siehe Seite 156). Beim Buchstabieren sagt man: **A comme Albert, B comme Berthe...**

Buchstaben und Symbole 23

A	Anatole	**J**	Joseph	**S**	Suzanne
B	Berthe	**K**	Kléber	**T**	Thérèse
C	Célestine	**L**	Louis	**U**	Ursule
D	Désiré	**M**	Marcel	**V**	Victor
E	Eugène	**N**	Nicolas	**W**	William
F	François	**O**	Oscar	**X**	Xavier
G	Gaston	**P**	Pierre	**Y**	Yvonne
H	Henri	**Q**	Québec	**Z**	Zoé
I	Irma	**R**	Raoul		

Die „französischen" Buchstaben:

É e accent aigu
È e accent grave
Ê e accent circonflexe
Ç c cédille

Die „deutschen" Buchstaben:

Ä a tréma
Ö o tréma
Ü u tréma

Nützliche Symbole:

-	le trait d'union
_	le tiret bas
'	l'apostrophe
.	le point
;	le point-virgule
:	les deux-points
?	le point d'interrogation
!	le point d'exclamation
...	les points de suspension
( )	les parenthèses
« »	les guillemets
/	la barre oblique ou slash
\	la barre oblique renversée ou antislash
~	le tilde
*	l'astérisque
@	l'arobas(e)

Sie sind dran!

1 Stellen Sie die Wendungen zum Thema Telefonieren richtig zusammen:

1 faire
2 laisser
3 être
4 composer
5 passer

___ A un message
___ B un numéro
___ C un appel
___ D le responsable des ventes
___ E en ligne

2 Sie sind Assistent/in von Frau Gélinas, der Kundendienstleiterin eines großen Unternehmens. Welche Auskunft geben Sie Ihrem Gesprächspartner in welcher Situation? ⤓ 24

Was Sie am Telefon sagen

1 Madame Gélinas ne se trouve pas dans son bureau en ce moment. Pourriez-vous la rappeler cet après-midi ?

2 Un instant je vous prie, je vous la passe.

3 Madame Gélinas est actuellement en ligne. Voulez-vous laisser un message ?

4 Madame Gélinas est absente pour la journée. Elle sera de retour demain.

5 «Madame Gélinas est actuellement en rendez-vous. Désirez-vous qu'elle vous rappelle ?

6 «Madame Gélinas n'est pas disponible pour le moment. Peut-être pourrais-je vous aider. C'est à quel sujet ?

Die entsprechende Situation

___ A Frau Gélinas ist im Büro und hat Zeit für das Gespräch.

___ B Frau Gélinas ist noch nicht im Büro.

___ C Frau Gélinas ist in einer Besprechung mit wichtigen Kunden.

___ D Frau Gélinas spricht auf einem anderen Apparat.

___ E Frau Gélinas ist den ganzen Tag unterwegs.

___ F Frau Gélinas hat darum gebeten, nur die wichtigen Anrufe durchzustellen, da sie sehr viel zu tun hat.

3 In die Notizen zum folgenden Telefongespräch haben sich einige Fehler eingeschlichen. Lesen Sie den Dialog und tragen Sie dann in das rechte Formular die richtigen Informationen ein. 25

Mme Martin : Société Importations Ling, bonjour.
M. Lachance : Bonjour Madame. Ici Francis Lachance de la Société WBM. Pourrais-je parler à Monsieur Falardeau, s'il vous plaît ?
Mme Martin : Ah ! Je regrette, Monsieur Falardeau est absent pour la journée. Voulez-vous lui laisser un message ?
M. Lachance : Oui, c'est au sujet de notre rendez-vous. Il me faut partir d'urgence pour l'Algérie jusqu'à mardi prochain. Je dois donc annuler la rencontre de demain, vendredi de 13 à 14 heures. Savez-vous s'il est disponible mercredi prochain le 15, de 10 à 11 heures ?
Mme Martin : Un instant, je vérifie son emploi du temps… Non, Monsieur Falardeau sera en réunion jusqu'à 15 heures.
M. Lachance : Et à 16 heures, le même jour ?
Mme Martin : Cela conviendrait parfaitement.
M. Lachance : Je note donc le 15 à 16 heures. Merci Madame.
Mme Martin : Je vous remercie Monsieur Lachance. Au revoir.

Date : 5 mai
Heure : 10 h 30
À l'attention de : M. Falardeau

En votre absence

M. François Lafrance
Société WMB
Tél. 01.45.88.47.22

Message :
Monsieur Lafrance doit reporter votre rendez-vous. Il doit recevoir d'urgence des clients d'Algérie. Le nouveau rendez-vous sera le mercredi 15 à 13 heures.

Hélène Martin

Date : 5 mai
Heure : 10 h 30
À l'attention de : M. Falardeau

En votre absence

M.
Société
Tél. 01.45.88.47.22

Message :

Lösung auf Seite 172

Musterbriefe und Lösungen

1 EINE RESERVIERUNG VORNEHMEN

E-Mail 1 ▶ Seite 21

1 *Madame, Monsieur,*

2 *Nous vous prions* de bien vouloir 3 *réserver* une chambre individuelle avec salle de bain et W.C., si possible très calme, 4 *au nom de* Madame Corine Fosset, directrice commerciale, 5 *pour* les nuits du 1er au 5 mars 6 *inclus.*

Par ailleurs, nous tenons à préciser que Madame Fosset 7 *aimerait disposer* le matin d'une table de quatre personnes pour ses petits déjeuners d'affaires.

8 *Merci de bien vouloir confirmer la réservation.*

9 *Nous vous remercions d'avance de votre réponse.*

10 *Cordialement,*

2 EINE RESERVIERUNG BESTÄTIGEN

E-Mail 2 (positiv) ▶ Seite 28

1 *Madame,*

2 *Nous avons bien reçu* votre e-mail du 2 février et 3 *vous en remercions.*

4 *Nous avons réservé* au nom de Madame Corine Fosset, du 1er au 5 mars inclus, une chambre individuelle avec salle de bain, W.C., téléphone et téléviseur, 5 *donnant* sur le jardin de l'hôtel, au prix de 185 e la nuit, petit déjeuner, taxes et service compris.

6 *Nous tiendrons à la disposition* de Madame Fosset une table de quatre personnes pour ses petits déjeuners d'affaires.

7 *Nous apporterons* un soin particulier à l'agrément et au confort de son séjour.

8 *Sentiments dévoués.*

E-Mail 3 (negativ) ▶ Seite 29

Madame,

Nous avons bien reçu votre fax du 2 février et vous en remercions.

1 *Nous avons le regret* de devoir vous informer qu'en raison du Salon International du cuir notre hôtel sera 2 *complet* pour les dates que vous nous indiquez.

3 *Nous vous suggérons* de vous adresser à l'hôtel Soleil dont l'adresse est 4 *la suivante* : Hôtel Soleil, Koningsstraat 10, 1210 Bruxelles, tél. : 654.61.11, fax : 641.63.44, www.solotel.be.

Bien que cet hôtel, qui présente le même confort que le nôtre, soit situé dans un quartier un peu plus bruyant, 5 *nous sommes sûrs que* Madame Fosset en sera très satisfaite.

Nous espérons 6 *avoir le plaisir* d'accueillir les membres de votre société à une autre occasion.

Cordiales salutations,

3 EINEN TERMIN VEREINBAREN

E-Mail 4 ▶ Seite 34

1 *Cher Monsieur,*

2 *Suite à* notre entretien téléphonique de la semaine dernière, j'ai le plaisir de vous confirmer que je participerai au Salon International du cuir à Bruxelles.

Comme vous aussi, 3 *vous avez l'intention* de vous y rendre, ce sera sans doute l'occasion de nous revoir.

4 *Etant donné qu'*il est assez difficile au salon de discuter affaires sans être dérangé, 5 *je vous propose* une rencontre au restaurant de l'hôtel Léopold mercredi le 3 mars à 20 heures.

6 *Nous pourrions ainsi* parler de nos nouveaux modèles et de leur distribution.

7 *Au cas où vous ne seriez pas disponible* ce soir-là, 8 *je vous serais reconnaissante de bien vouloir* me le faire savoir 9 *le plus rapidement possible* et de me fixer un autre rendez-vous.

D'avance, je vous remercie de votre réponse.

10 *Bien cordialement,*

4 EINEN TERMIN BESTÄTIGEN

E-Mail 5 (Terminvorschlag annehmen) ▶ Seite 40

Chère Madame,
1 *Je vous remercie* de votre e-mail du 10 février à laquelle je m'empresse de répondre. 2 *Je tiens à vous confirmer* que 3 *je serai disponible* mercredi le 3 mars au soir. C'est donc avec plaisir que 4 *j'accepte votre proposition* de dîner ensemble à 20 heures au restaurant de l'hôtel Léopold où il sera, 5 *en effet,* plus aisé de parler affaires.
J'ai par ailleurs quelques idées à vous soumettre en ce qui concerne le marketing par téléphone.
Je suis sûr que la présentation de vos modèles au salon de Bruxelles 6 *rencontrera* un vif succès 7 *auprès* du public.
Cordialement.

E-Mail 6 (Termin verschieben) ▶ Seite 41

Chère Madame,
J'ai bien reçu votre e-mail 1 *du 10 courant* et vous en remercie.
2 *Je regrette beaucoup* de devoir vous informer que je ne serai pas disponible mercredi le 3 mars au soir. En effet, je n' 3 *arriverai* à Bruxelles que le 4 mars au matin.
4 *Verriez-vous un inconvénient* à ce que 5 *nous reportions* le rendez-vous au lendemain ?
6 *J'espère que* cela vous sera possible et ne perturbera pas trop votre emploi du temps.
Je vous remercie d'avance de votre réponse.
Cordialement.

5 INFORMATIONEN EINHOLEN

E-Mail 7 ▶ Seite 45

1 *Messieurs,*
Votre publicité, parue dans « Le Monde » du 18 février, 2 *m'a vivement intéressé.* Je souhaiterais donc 3 *recevoir de plus amples informations* concernant vos modèles.
4 *Ayant l'intention* de diversifier davantage la gamme de nos produits, 5 *je recherche* actuellement de nouveaux fournisseurs. C'est pourquoi je vous serais reconnaissant de me faire parvenir votre catalogue 6 *ainsi que* les prix en vigueur et les conditions de livraison.
7 *Si vous êtes en mesure de* livrer à des prix concurrentiels, 8 *je serai disposé* à vous passer très prochainement une commande d'essai.
9 *Merci par avance* d'une prompte réponse de votre part. 10 *Cordiales salutations,*

6 EINE BESTELLUNG AUFGEBEN

Brief 8 ▶ Seite 51

Madame,
J'ai bien reçu votre catalogue et 1 *vos conditions de vente* et de livraison. Je vous remercie de la rapidité de cet envoi.
Après examen, certains de vos articles ont 2 *particulièrement* retenu mon attention. En conséquence, 3 *à titre d'essai,* 4 *je vous passe la commande* ci-après :
...
Afin d'élargir très rapidement mon programme, je souhaiterais que la livraison me 5 *parvienne* 6 *avant la fin du mois.*
7 *Veuillez me faire savoir* s'il vous sera possible de 8 *respecter ce délai.*
9 *Je réglerai votre facture* comme vous le souhaitez, 10 *dès réception de la marchandise.*
Si cette livraison me donne satisfaction, je serai prêt à vous passer d'autres commandes.
Je vous suis d'avance très reconnaissant de votre obligeance et vous prie de croire, Madame, à l'expression de mes sentiments distingués.

7 BESTELLUNGEN BEANTWORTEN

E-Mail 9 ▶ Seite 57

Monsieur,
1 *Nous avons bien enregistré* votre commande du 8 mars et vous en remercions.
Cependant 2 *nous tenons à* vous signaler qu'à la suite d'un afflux de commandes, 3 *nous ne serons pas en mesure* de vous livrer les sacs polochon, référence 602 D, d'ici la fin du mois. 4 *Ils seront livrables* dès le 5 avril.
Les autres articles pourront 5 *être expédiés* immédiatement par fret aérien.
6 *Nous effectuerons* donc 7 *cette livraison* après votre accord.
Nous espérons que, 8 *malgré ce contretemps,* vous nous accorderez toute votre confiance. Soyez assuré que nous apporterons tous nos soins à 9 *l'exécution de votre commande.*
Dans l'attente de votre réponse, recevez 10 *nos sentiments dévoués.*

8 ANGEBOTE

Brief 10 ▶ Seite 63

Madame, Monsieur,
1 *En réponse* à votre lettre du 15 mars, 2 *nous avons le plaisir de vous envoyer* par ce même courrier notre dernier catalogue ainsi que les prix courants de nos imprimantes.
Nous nous permettons 3 *d'attirer votre attention* sur notre nouveau modèle, Colorrap, qui devrait répondre aux exigences de votre entreprise.
Colorrap, d'un maniement très simple, même pour les non-spécialistes, imprime directement et fidèlement votre document original en couleurs.
Si vous nous passez commande sous huitaine, vous pourrez profiter de notre offre promotionnelle particulièrement 4 *avantageuse* : nous accordons actuellement 5 *7% de remise* à nos clients, auxquels s'ajoutent 3% d'escompte 6 *en cas de paiement comptant.*
Le paiement devra s'effectuer par virement bancaire.
La livraison se fait dans un délai de deux semaines.
7 *Nous livrons gracieusement* et procédons à l'installation et à la mise en marche des appareils.
En cas d'incident technique, le personnel très compétent de notre service après-vente se rend chez vous dans les 8 heures qui suivent votre appel.
Peut-être désirez-vous, afin de faciliter votre choix, que 8 *nous organisions* chez vous une démonstration de nos appareils. Dans ce cas n'hésitez pas à nous contacter.
9 *Nous restons à votre entière disposition* pour tous renseignements complémentaires et espérons vous compter très prochainement parmi nos clients.
Nous vous prions de croire, Madame, Monsieur, à l'expression de nos sentiments dévoués.

9 ZAHLUNGSBEDINGUNGEN UND RECHNUNGEN

Brief 11 ▶ Seite 70

1 *Madame,*
2 *Nous accusons réception de* votre lettre du 25 courant et vous remercions de l'intérêt que vous portez à nos modèles.
Nous vous communiquons, comme vous le souhaitez, nos 3 *conditions de paiement.*
Nos factures sont 4 *payables* dans les 30 jours 5 *à compter de la date de facturation,* 6 *sans escompte.*
Pour les commandes dépassant 6.000 e, nous sommes disposés à vous 7 *accorder une remise* de 15% sur le prix courant.
Le paiement 8 *devra s'effectuer* 9 *par virement bancaire* ou par crédit documentaire irrévocable.
Nous restons à votre disposition et pouvons vous assurer que vos commandes seront, bien entendu, toujours 10 *exécutées* avec le souhait de vous donner entière satisfaction.
Veuillez agréer, Madame, nos salutations distinguées.

Brief 12 (Rechnung) ▶ Seite 72

Madame,
Nous espérons que votre commande a été 1 *exécutée* à votre entière satisfaction.
Veuillez trouver ci-joint notre facture n°234 2 *d'un montant de* 3296,00 €.
Nous vous prions de bien vouloir 3 *virer* ce montant sur le compte indiqué ci-dessous :
Banque Populaire Nord-Pas-de-Calais
IBAN : FR36 2589 8900 5067 9812 3247 156
BIC : VNZOD6NBR

4 *Restant à votre entière disposition* pour d'autres commandes, veuillez agréer, Madame, nos salutations distinguées.

10 LIEFERBEDINGUNGEN

Brief 13 ▶ Seite 78

Monsieur,
1 *Nous référant à* votre demande du 5 avril, nous vous informons que 2 *le délai de livraison* est de 4 semaines à compter de 3 *la réception de votre commande.*
L'envoi se fait par camion de Lille à Dunkerque, puis par bateau jusqu'au port de Fort-de-France où vous devrez vous-même 4 *réceptionner la marchandise.*
Nous vous communiquerons dès que possible les coordonnées du navire.
Nous emballons séparément chaque article dans une boîte en carton. Les boîtes sont mises dans des caisses en bois.
5 *Nos prix s'entendent* CAF pour le transport 6 *par terre et mer.*
7 *Au cas où vous auriez besoin* d'une livraison plus rapide, 8 *nous serions prêts* à vous expédier la marchandise par fret aérien, mais dans ce cas vous devrez 9 *supporter les frais supplémentaires.*
Nous espérons être bientôt favorisés d'une commande qui 10 *fera* l'objet de nos soins attentifs.
Nous vous prions de croire, Monsieur, à l'expression de nos sentiments les plus dévoués.

11 ZAHLUNGSERINNERUNGEN

Brief 14 ▶ Seite 83

1 *Monsieur,*
Nous vous avons adressé le 7 avril notre facture № 133 2 *relative à* la commande 3 *mentionnée ci-dessus.*
Or, 4 *nous sommes surpris* de ne pas être, à ce jour, en possession de votre règlement. 5 *Il s'agit, sans aucun doute,* d'une erreur ou d'une omission de votre part.
6 *Nous vous serions reconnaissants* de nous 7 *faire parvenir votre versement* dès que possible.
8 *Si vous aviez, toutefois, procédé à ce règlement,* nous vous demandons d'avoir l'obligeance 9 *de ne pas tenir compte de cette lettre.*
10 *Nous vous prions d'agréer,* Monsieur, nos salutations distinguées.

12 REKLAMATIONEN

Brief 15 ▶ Seite 89

1 *Chère Madame,*
Le 2 mai, 2 *nous vous avons transmis* notre commande № 97 dont vous trouverez ci-joint une photocopie. La livraison des marchandises était prévue pour le 16 mai 3 *au plus tard.*
Or, elle 4 *ne nous est parvenue que* le 26 mai. Ce retard de 10 jours nous a mis dans un grand embarras, étant donné que plusieurs clients attendaient avec impatience certains articles.
5 *Nous nous voyons au regret* de vous faire part d'un autre sujet de mécontentement. En effet, 6 *en procédant à la vérification* de l'envoi, 7 *nous avons constaté* que la couleur des valises livrées ne correspondait pas à la commande : nous désirions des valises noires et non des rouges.
Nous acceptons cependant de les garder si vous nous accordez 8 *une réduction de prix conséquente.*
Nous sommes d'autant plus surpris de devoir 9 *entreprendre cette démarche* que nous avons été, jusqu'à présent, très satisfaits de la qualité de vos produits et de l'efficacité de vos services.

Persuadés que **10** *vous consentirez à notre demande*, nous vous prions d'agréer, Madame, nos salutations distinguées.

13 REKLAMATIONEN BEANTWORTEN

Brief 16 ▶ Seite 96

Cher Monsieur,

1 *Nous avons été navrés/Nous sommes désolés* d'apprendre par votre lettre du 28 mai que notre dernier envoi vous est parvenu avec 10 jours de retard et qu' une partie de la livraison ne **2** *correspondait* pas à votre commande.

3 *Votre mécontentement est tout à fait compréhensible.*

Nous avons donc immédiatement effectué les recherches nécessaires pour **4** *découvrir les raisons de ce contretemps.* Il s'avère que notre transporteur, **5** *suite à des problèmes d'organisation*, n'a pas été en mesure de vous livrer comme convenu. En outre, il a omis de nous en informer.

6 *Quant à la livraison* des articles non conforme à votre ordre, **7** *il s'agit d'une erreur* due à une confusion entre des références d'articles.

8 *Veuillez accepter nos sincères excuses.*

Comme vous signalez dans votre lettre que vous êtes prêt à garder les valises, nous vous les facturerons à 50% du prix du catalogue.

Nous espérons que **9** *cet incident n'altérera pas* nos relations commerciales.

10 *En vous remerciant de votre compréhension*, nous vous prions de croire, Cher Monsieur, à l'expression de nos sentiments les plus dévoués.

14 VERHANDLUNGEN UND VEREINBARUNGEN

Brief 17 ▶ Seite 101

Madame,

1 *Nous devons votre adresse* à Monsieur Fels de Munich que j'ai eu l'occasion de rencontrer au Salon International du cuir à Bruxelles.

Besace est une jeune entreprise familiale. Depuis sa création, il y a 5 ans, nous avons réussi à **2** *tripler notre chiffre d'affaires* et à conquérir des parts de marché importantes aux Etats-Unis. Désirant étendre nos activités en Europe, **3** *nous sommes à la recherche* d'une entreprise avec laquelle nous pourrions **4** *établir un partenariat.*

Nous vous proposons **5** *nos services de distribution* de vos produits dans notre pays. **6** *En échange*, vous diffuseriez les nôtres en Europe.

En effet, **7** *des études de marché* approfondies nous ont montré que les Européens s'intéressent de plus en plus à nos articles. Nous désirons donc être présents sur ce marché. De même, **8** *vous n'êtes pas sans savoir* que le Canada représente **9** *un marché porteur* pour vos produits haut de gamme. Nous sommes sûrs que votre entreprise, tout comme la nôtre, **10** *pourrait profiter de* ce partenariat, puisque nos produits sont complémentaires : vous vous adressez à une clientèle qui aime l'élégance et le raffinement ; quant à nous, nous répondons aux besoins d'une clientèle sportive et passionnée de camping.

Nous espérons que cette proposition **11** *retiendra votre attention.*

Dans l'attente d'une réponse positive de votre part, je vous prie d'agréer, Madame, l'hommage de mon respect.

15 EINEN VERTRAG SCHLIESSEN

Brief 18 ▶ Seite 107

Monsieur,

1 *(Comme) suite à* notre entretien téléphonique de mardi dernier, j'ai le plaisir de vous confirmer l'accord de représentation vous réservant **2** *la vente exclusive* de nos produits au Canada.

3 *Ci-joint, vous trouverez* deux copies d'une proposition de contrat de représentation commerciale. Je vous saurais gré de bien vouloir en prendre connaissance et de **4** *m'en retourner un exemplaire* accompagné de vos commentaires ou **5** *des modifications* que vous souhaiteriez éventuellement apporter aux termes de ce contrat.

Je me tiens, bien entendu, à votre entière disposition **6** *pour tous renseignements complémentaires*

concernant les conditions du contrat.
J'espère que celui-ci représentera le début d'une longue et productive coopération 7 *entre* nos deux sociétés.
Dans l'attente de votre réponse, je vous prie de croire, Monsieur, à l'assurance de mes sentiments distingués.

16 DANKSCHREIBEN

E-Mail 19 : ▶ Seite 112

1 *Cher Monsieur,*
2 *Je tiens tout d'abord à vous remercier* pour 3 *l'excellent accueil* que vous avez su me réserver lors de mon séjour et pour 4 *les fructueuses réunions* organisées à mon intention.
Les visites fort intéressantes de Montréal et de ses environs 5 *m'ont enthousiasmée.*
Ce séjour 6 *riche en apports* tant professionnels que personnels m'a permis de mieux comprendre le fonctionnement de votre entreprise ainsi que 7 *votre politique de vente.*
Notre P.D.G., Monsieur Marc Lempereur, a été très intéressé par le rapport que je lui ai transmis 8 *dès mon retour.*
Nous souhaitons vivement qu' 9 *une coopération étroite et durable* s'établisse entre nos deux sociétés.
10 *Avec mes remerciements réitérés,* bien cordialement,

17 EINLADUNGEN

Brief 20 (Einladung) ▶ Seite 116

1 *Monsieur et Cher Client,*
Nous avons le plaisir de vous compter parmi 2 *nos clients les plus fidèles.* En effet, depuis maintenant plus de 8 ans, 3 *nous entretenons* des relations commerciales suivies.
Pour vous remercier de la confiance 4 *que* vous nous accordez, nous vous 5 *invitons bien cordialement* à un dîner-débat au Club Investissement, 15, avenue de l'Opéra, 75001 Paris, jeudi le 30 septembre à 20 heures.
6 *Nous compterons parmi* les intervenants Monsieur François Baragou, Conseil de l'Ordre des avocats à la Cour de Paris, qui parlera du « Droit européen des affaires ».
Comme votre entreprise exerce des activités de plus en plus nombreuses sur le marché européen, le thème de cette soirée ne manquera pas de vous intéresser.
7 *Nous espérons vivement* qu'il vous sera possible de 8 *participer à ce dîner-débat.* Nous vous serions reconnaissants de bien vouloir nous confirmer votre présence avant le 15 septembre, pour que 9 *nous puissions* effectuer les réservations nécessaires.
Dans l'espoir d'une réponse positive, nous vous adressons, Monsieur et Cher Client, nos salutations les plus dévouées.

Brief 21 (Antwortschreiben) ▶ Seite 118

Cher Monsieur,
C'est 1 *avec un très grand plaisir* que j'accepte l'invitation que vous avez bien voulu m'adresser et je vous en remercie 2 *vivement.* 3 *Je serai très heureux* de me rendre à votre dîner-débat au Club Investissement à Paris.
En effet, comme vous l'écrivez, le sujet de cette soirée m'intéresse particulièrement. Monsieur Baragou étant 4 *en outre* une personnalité de grande renommée, 5 *ce sera pour moi un honneur* d'assister à ce débat.
6 *En vous renouvelant* mes remerciements, je vous prie, Cher Monsieur, d'agréer l'expression de mes meilleurs sentiments.

18 GESCHÄFTLICHE MITTEILUNGEN

Brief 22 ▶ Seite 122

1 *Chère Madame, Cher Monsieur,*
2 *Toujours soucieux* de mieux satisfaire une clientèle de plus en plus exigeante, 3 *nous avons le plaisir de vous annoncer* que, grâce à un partenariat avec la société canadienne Besace, nous pouvons vous offrir, dès aujourd'hui, une gamme de produits encore plus diversifiée.
En feuilletant notre dernier catalogue,

4 *vous constaterez très vite* que nos produits, qu'ils soient élégants ou sportifs, classiques ou modernes, sont toujours aussi pratiques que novateurs.
Pour vous permettre de découvrir ces modèles de très grande qualité, 5 *nous vous avons réservé* une offre exceptionnelle : 6 *vous bénéficierez d'une réduction* de 25% 7 *sur* toute commande passée avant la fin de ce mois.
Profitez donc de 8 *cette offre vraiment spéciale*, puisque nous aurons le plaisir de 9 *joindre à votre commande* un élégant stylo-plume noir très raffiné avec sa plume dorée. C'est notre façon amicale de vous remercier de la confiance que vous nous témoignez.
10 *Bien sincèrement.*

19 STELLENANGEBOTE UND BEWERBUNGEN

E-Mail 23 (Bewerbungsschreiben)

▶ Seite 128

Madame, Monsieur,
Comme suite à 1 *votre annonce parue* dans « Le Monde » de ce jour, 2 *je pose ma candidature* pour le poste de secrétaire-assistante au sein de votre entreprise.
Je suis actuellement à la recherche d'un emploi à temps complet qui puisse me permettre de 3 *développer mes qualités* d'organisation et 4 *d'utiliser mes connaissances* en anglais et allemand que j'ai pu approfondir 5 *au cours de plusieurs stages* à l'étranger.
De par mon emploi actuel 6 *j'ai acquis* une bonne maîtrise de l'informatique.
Ci-joint, vous trouverez mon curriculum vitae et des certificats qui vous renseigneront 7 *sur ma formation* et mes activités antérieures.
Je serais très heureuse que 8 *vous m'accordiez un entretien* au jour et à l'heure qui vous conviendront.
En espérant que ma candidature retiendra votre attention, recevez, Madame, Monsieur, mes cordiales salutations.

Brief 24 (Antwortschreiben)

▶ Seite 132

1 *Mademoiselle,*
Nous vous remercions de votre candidature du 5 novembre 2 *à un poste* de secrétaire-assistante 3 *au sein de* notre entreprise.
Nous avons le plaisir de vous annoncer que celle-ci a particulièrement retenu notre attention.
Afin d'en 4 *poursuivre l'examen* 5 *par* une discussion approfondie, nous souhaiterions vous rencontrer le 15 novembre à 10 heures.
Nous vous prions de nous confirmer ce rendez-vous, par retour du courrier, par courriel ou en téléphonant au 27.38.57.13, poste 21.
Nous vous prions d'agréer, Mademoiselle, 6 *nos salutations distinguées.*

20 PERSÖNLICHE KORRESPONDENZ

E-Mail 25

▶ Seite 137

Cher Jean,
C'est avec joie que 1 *j'ai appris* 2 *ta nomination au poste de* Président-directeur général de la société Bautta.
3 *Je te félicite* vivement pour cette promotion qui, en fait, ne m'étonne guère, connaissant 4 *tes capacités et ta compétence* dans le domaine commercial. Déjà à l'université, tous les copains t'appelaient, pour se moquer un peu de toi, « Jean, tête de Président » : tu t'en souviens ? Eh bien ! ils avaient raison ! Et je suis sûre que ta carrière ne fait que commencer.
J'espère que, malgré 5 *tes nouvelles responsabilités,* tu trouveras encore le temps de te consacrer à ta petite famille et à tes amis.
Encore une fois mes félicitations, mes compliments et 6 *mes souhaits de pleine réussite.*
7 *Toutes mes amitiés,*

Brief 26 ▶ Seite 138

1 *Chère Elisabeth,*

2 *Merci pour* ta gentille lettre et tes bons vœux. A mon tour je t'envoie 3 *tous mes vœux de bonheur* pour la nouvelle année. Qu'elle t'apporte santé, bonheur et prospérité et qu'elle nous donne l'occasion de nous revoir. Mais comme tu le sais, mes occupations professionnelles m'accaparent beaucoup et les semaines passent si vite. Et puis 4 *pour ne rien te cacher,* j'avoue que mes pensées, depuis quelque temps, vont vers un certain Québécois (beau comme un Dieu !). Bref, je suis follement amoureuse. J'ai cru comprendre que je ne le 5 *laissais* pas indifférent. Comme on dit, « l'espoir fait vivre ».

En attendant de tout te raconter en détail, 6 *je t'embrasse.*

21 TELEFONIEREN

Text 27 (weitervermitteln)  1 ▶ Seite 143

Dumont : Ets Bocuir & Fils, bonjour ! France Dumont à l'appareil.

Schmidt : Bonjour ! 1 *Je voudrais parler à* Mme Dubois, s'il vous plaît.

Dumont : C'est de la part de qui ?

Schmidt : Peter Schmidt de la Société Belles Maisons.

Dumont : Ne quittez pas, je vous 2 *la passe.*

Text 28 (eine Nachricht hinterlassen)  2 ▶ Seite 143

Dumont : Ets Bocuir & Fils, bonjour ! France Dumont à l'appareil.

Schmidt : Bonjour! Pourriez-vous me passer M. Dupuis du service de la comptabilité, s'il vous plaît ?

Dumont : Oui, un instant, je vous prie. Qui est 7 *à l'appareil,* s'il vous plaît ?

Schmidt : Peter Schmidt de la Société Belles Maisons.

Dumont : M. Schmidt, M. Dupuis est en réunion avec des visiteurs japonais. Voulez-vous lui 8 *laisser* un message ?

Schmidt : Oui, s'il vous plaît. Pourriez-vous lui dire que Peter Schmidt, j'épelle : S comme Suzanne, c-h-m-i-d-t, a un besoin urgent des derniers documents PDF et qu'il me les envoie par mél ?

Dumont : Laissez-moi 9 *vos coordonnées,* s'il vous plaît.

Schmidt : Mon adresse mél, c'est : Schmidt, suivi de arobase, puis belles maisons au pluriel et en un seul mot, point fr.

Dumont : D'accord, 10 *je répète* : schmidt@bellesmaisons.fr, c'est ça ?

Schmidt : Oui, c'est bien ça. Je vous remercie.

Dumont : Je vous en prie, M. Schmidt. Au revoir.

Schmidt : Au revoir.

Text 29 (nach Kontaktdaten fragen) 3 ▶ Seite 144

Dumont : Ets Bocuir & Fils, bonjour ! France Dumont à l'appareil.

Schmidt : Bonjour ! J'aimerais parler à Mme Dubois, s'il vous plaît.

Dumont : Oui, de la part de qui ?

Schmidt : Peter Schmidt de la Société Belles Maisons.

Dumont : Un instant, je vous prie. ... Je suis désolée, elle 3 *est en communication sur une autre ligne.* Puis-je vous aider ?

Schmidt : Pouvez-vous me donner son 4 *numéro direct* pour que je 5 *puisse* 6 *la joindre* plus facilement ?

Dumont : C'est le trente-deux, quatre-vingt-quatorze.

Schmidt : Le trois, deux, huit, quatre...

Dumont : Non, c'est le trois, deux, neuf, quatre.

Schmidt : Je vous remercie. Au revoir.

Dumont : Au revoir.

Text 30 (Reservierung)

▶ Seite 145 

Dupontel: Hôtel Henri IV, Marianne Dupontel, bonjour...

Schneider: Bonjour Madame, Alexander Schneider de la société Bocuir & Fils. Je voudrais réserver une salle de conférence pour les journées des 18 et 19 octobre 20... s'il vous plaît.

Dupontel: Oui, **1** *pour combien de personnes* ?

Schneider: Seize personnes.

Dupontel: Alors, un instant, je vérifie l'agenda... Oui, c'est possible. Nous avons une salle de conférence de 50 mètres carrés pour 352,- € la journée. **2** *Est-ce que ça vous convient* ?

Schneider: Quel équipement **3** *mettez-vous à disposition* ?

Dupontel: Toutes nos salles sont équipées avec écran, vidéoprojecteur, flipchart, pupitre, accès WIFI. Il y a l'air conditionné et une isolation phonique bien sûr.

Schneider: Excusez-moi, **4** *je n'ai pas compris tout ce que vous avez dit*. Qu'est-ce que c'est „l'air conditionné" ?

Dupontel: C'est la climatisation.

Schneider: Ah oui, d'accord. Je comprends.

Dupontel: Souhaitez-vous prendre les repas du midi dans notre établissement ?

Schneider: Oui, si possible. Qu'est-ce que vous proposez ?

Dupontel: Nous avons une formule à 25,- € par personne et par jour qui comprend boissons et petits fours sucrés à volonté durant la journée et un menu 2 plats pour le midi.

Schneider: Pardon, mais **5** *pourriez-vous parler plus lentement* s'il vous plaît ?

Dupontel: Oui, bien sûr. Excusez-moi. Je répète : la formule coûte 25,- par personne et par jour. Dans cette formule, il y a des boissons et des petits gâteaux pendant toute la journée et un menu composé de deux plats le midi.

Schneider: D'accord. Nous allons prendre la formule, C'est parfait.

Dupontel: Est-ce que vous souhaitez aussi réserver des chambres pour la nuit du 18 au 19 ?

Schneider: Non merci, ce n'est pas nécessaire.

Dupontel: Alors je vous envoie une confirmation de réservation par e-mail. **6** *Auriez-vous* une adresse à me communiquer ?

Schneider: Oui,c'est : schneider, s-c-h-n-e-i-d-e-r arobase bocuir point fr.

Dupontel: Très bien. Je vous remercie de votre réservation et vous souhaite une bonne fin de journée.

Schneider: Merci. Pour vous aussi. Au revoir.

Dupontel: Au revoir.

Text 31 (Reklamation)

▶ Seite 147 

Seguin: Société Bocuir & Fils, Hélène Seguin, Bonjour.

Steiner: Bonjour Madame, Peter Steiner à l'appareil. Pourrais-je parler à une personne du service client s'il vous plaît ?

Seguin: Oui, ne quittez pas. ...

Leroux: Sylvie Leroux, bonjour.

Steiner: Bonjour Madame. Peter Steiner de la société Lederlädle. Je vous ai passé une commande de sacs à main qui **1** *aurait dû être livrée* le 3 mai, c'est à dire il y a 15 jours. Depuis, je vous ai envoyé deux e-mails vous demandant pourquoi ma commande n'était toujours pas arrivée, mais je n'ai eu aucune réponse. J'aimerais bien savoir ce qui se passe ?!

Leroux: Je suis vraiment désolée de ce **2** *contretemps*, Monsieur Steiner, mais je suis sûre que nous allons trouver une explication. Pourriez-vous me rappeler le numéro de votre commande, s'il vous plaît ?

Steiner: Oui, c'est la commande numéro 97F53JZ.

Leroux: Alors... vous aviez commandé 30 sacs à mains modèle Andalousie. C'est ça ?

Steiner: C'est ça. Et la livraison était prévue le 3 mai.

Leroux: Oui, en effet. Ah, mais en début de mois nous avons eu des problèmes avec le transporteur. La livraison a été reportée au 23 mai.Vous auriez dû être informé du retard.

Steiner: Peut-être, mais je n'ai reçu aucune information **3** *de votre part.*

Leroux: Je sais que nous avons eu aussi des problèmes de connexion informatique et certains courriels n'ont pas été transmis correctement, ce qui explique que nous n'avons probablement pas reçu vos e-mails non plus.

Steiner: Bon d'accord, cela peut arriver. Mais vous comprenez que cela m'a fait perdre des ventes importantes. J'espérais avoir ces sacs pour la foire du cuir cette semaine. Par conséquent, je me permets de vous **4** *demander des dommages et intérêts.*

Leroux: Je comprend tout à fait les ennuis que cela vous a **5** *causés.* **6** *En dédommagement* je vous propose de vous facturer les sacs à 50% du prix catalogue, si ça vous convient.

Steiner: Oui, j'accepte très volontiers. Honnêtement, j'étais un peu surpris, car nous avons jusqu'à présent toujours été satisfaits de la qualité de vos services.

Leroux: Nous ferons tout notre possible pour que cela ne se reproduise pas et j'espère que cet **7** *incident* n'altérera pas nos relations commerciales.

Steiner: Mais, moi de même.

Leroux: Je vous remercie de votre compréhension.

Steiner: Je vous en prie. Alors au revoir Madame Leroux.

Leroux: Au revoir Monsieur Steiner.

Text 32 (Anrufbeantworter)  6

▶ Seite 148

1 Vous êtes bien à la Société *Bocuir et Fils*. Nos bureaux sont ouverts du lundi au vendredi de 9h00 à 18h00. Veuillez laisser un message et vos coordonnées après le bip sonore. **1** *Merci de votre appel.*

2 Bonjour. Vous êtes **2** *en communication* avec la Société *Bocuir et Fils*. Pour obtenir le service client, tapez 1. Pour obtenir le service de la comptabilité, tapez 2. Pour obtenir le service des achats, tapez 3. Si vous désirez laisser un message sur notre répondeur, tapez 4. Merci de votre appel.

3 Société *Bocuir et Fils*, bonjour. **3** *Veuillez patienter,* un opérateur va donner suite à votre appel.

4 Société *Bocuir et Fils*, bonjour. Nos bureaux sont fermés **4** *actuellement.* Merci de renouveler votre appel du lundi au vendredi de 9h00 à 18h00.

5 Bonjour. Vous êtes bien sur la boîte vocale de Sylvie Leroux. Je ne peux vous répondre actuellement, mais laissez-moi un message ainsi que vos coordonnées et je vous **5** *rappellerai* dès mon retour. Merci.

Lösungsvorschläge: „Sie sind dran!"

1 EINE RESERVIERUNG VORNEHMEN

1 1. prie / serais reconnaissant/e / saurais gré
2. communiquer / faire parvenir
3. tarifs / prix 4. douche et W.C. 5. du
6. au 7. D'avance

2 1. plein sud 2. équipée 3. des lits

3 1. à partir 2. j'aimerais / je souhaiterais
3. les prix / les conditions 4. a / aurait
5. location 6. vous remercie

4 1. souhaitons / souhaiterions
2. de réunion 3. équipées 4. de nous procurer / envoyer 5. vos tarifs / prix / conditions

5 1. retenir / réserver 2. sur un
3. aimerions / souhaiterions
4. retenir 5. vous prions
6. confirmer 7. par retour

2 EINE RESERVIERUNG BESTÄTIGEN

1 1. avons le regret / regrettons
2. disponibles 3. période
4. suggérons / conseillons 5. adresser
6. pourrait répondre

2 1. entretien téléphonique 2. confirme
3. trouverez

3 1. remercions 2. la réservation
3. Ci-joint 4. trouverez

3 EINEN TERMIN VEREINBAREN

1 1. Comme annoncé 2. serai
3. pourrions prendre / fixer 4. pour le
5. vous ne seriez pas disponible / cela ne vous conviendrait pas 6. vous prie
7. fixer / proposer

2 1. serai 2. durant 3. ravi/e / enchanté/e 4. à 5. nous rencontrions
6. ne vous conviendrait pas 7. saurais
8. de bien vouloir 9. plus vite possible

3 Richtige Reihenfolge:
4. - 7. - 5. - 3. - 6. - 2. - 8. - 1.

4 Cher Monsieur,
J'ai l'intention de me rendre à Madrid très prochainement. Je serais heureux de pouvoir vous rencontrer le lundi 8 mars à 20 heures dans le hall de l'hôtel Mercor.
Bien cordialement.

4 EINEN TERMIN BESTÄTIGEN

1 1. reçu 2. courant / dernier 3. confirmer

2 1. confirme 2. grand regret
3. ajourner / reporter / annuler
4. en raison / à cause 5. survenu

3 1. disponible 2. Verriez-vous
3. reportions 4. prie de m'excuser

5 INFORMATIONEN EINHOLEN

1 Messieurs,
Votre publicité parue dans... du... a retenu toute notre attention.
Comme nous avons l'intention d'étendre la gamme de nos produits, nous aimerions recevoir votre catalogue et votre tarif ainsi que des échantillons.
Nous vous remercions d'avance de votre envoi et vous prions d'agréer, Messieurs, nos salutations distinguées.

2 1. a retenu notre attention
2. nous vous prions de nous adresser
3. comprenant 4. nous vous en remercions

3 1. Nous devons votre adresse 2. nous avons besoin d'élargir / nous aimerions élargir
3. souhaiterions recevoir 4. Nous vous prions de nous adresser / Merci de nous envoyer
5. vos prix pour le transport / le montant du fret en vigueur pour le transport

6 EINE BESTELLUNG AUFGEBEN

1 1. votre offre 2. ci-joint 3. une livraison rapide

2 1. avons reçu 2. ont attiré 3. nous livrer 4. d'effectuer la livraison 5. accuser réception 6. retour du

3 1. en remercions 2. ne correspondent pas / ne sont pas conformes 3. ne passerons donc

4 Messieurs,
Le 5 novembre, nous avons commandé auprès de votre représentant 20 parapluies, modèle „Déluge".
La demande étant actuellement forte, nous aimerions modifier notre commande, à savoir 40 parapluies au lieu de 20.
Nous comptons sur une livraison très rapide de ces articles.
Veuillez croire, Messieurs, à l'expression de nos sentiments distingués.

7 BESTELLUNGEN BEANTWORTEN

1 1. réception de 2. vous informer 3. pourra être effectuée

2 1. enregistré / bien reçu 2. joignons le double 3. être livrés

3 1. regrette 2. disponibles 3. un modèle équivalent / un produit analogue 4. est de / présente la 5. livrer

4 Monsieur,
Nous regrettons de devoir vous informer que, pour des raisons techniques, la livraison des articles commandés sera effectuée avec un retard de 3 semaines.
En vous remerciant de votre compréhension, nous vous prions d'agréer, Monsieur, nos salutations distinguées.

8 ANGEBOTE

1 1. le plaisir 2. profiter / bénéficier 3. supérieure 4. franco

2 1. remercions 2. attirer votre attention 3. d'une offre spéciale 4. limités 5. faire parvenir / passer 6. vite possible

3 1. avec plaisir 2. plus récent 3. accorder 4. remise 5. est valable

4 Richtige Reihenfolge:
6. - 9. - 7. - 8. - 12. - 2. - 3. - 10. - 4. - 1. - 13. - 5. - 11.

9 ZAHLUNGSBEDINGUNGEN, RECHNUNG

1 1. accusons 2. d'un montant de 3. convenu 4. virons

2 1. en mesure / à même 2. accorder 3. pouvons / sommes en mesure de 4. consentir 5. montant

3 1. réponse 2. prêts à 3. un escompte 4. un règlement

10 LIEFERBEDINGUNGEN

1 Madame,
Nous avons le plaisir de vous informer que la marchandise commandée le... sera livrable selon les conditions que vous désiriez.
La livraison s'effectuera donc avant le 15.11.20... par fret maritime et ferroviaire, départ usines Bocuir, rendu droits acquittés jusqu'à vos magasins.
En vous souhaitant bonne réception de cet envoi, nous vous prions de croire, Madame, à l'expression de nos sentiments dévoués.

2 1. nous avez passé 2. en magasin 3. être livrées

3 1. vous informer 2. pour cause 3. en mesure 4. avant 5. contrordre 6. considérons 7. est retenue

4 1. Suite / Conformément 2. livrées 3. express 4. franco 5. jusqu' 6. assurés que 7. tous nos soins

11 ZAHLUNGSERINNERUNGEN

1 1. encore été soldé 2. prions 3. faire parvenir 4. dès que 5. auriez effectué 6. bien vouloir ne pas tenir compte

2 1. fait parvenir 2. reçu 3. de paiement 4. permettons 5. conditions sont 6. Il s'agit 7. d'une erreur informatique

3 1. surpris 2. reçu le règlement 3. malgré 4. craignons 5. versement 6. dans l'obligation de / contraints de 7. au recouvrement 8. voie judiciaire 9. à moins de

12 REKLAMATIONEN

1 1. avons reçu 2. après vérification 3. comportait / présentait 4. rectifications d'usage 5. D'avance

2 1. avons commandées 2. parvenues 3. est dépassé 4. en demeure 5. dans les

3 1. la réception 2. avons découvert 3. correspondait 4. conséquence 5. reprendre 6. plus brefs délais

4 1. votre attention 2. en possession 3. contraints 4. prendre

13 REKLAMATIONEN BEANTWORTEN

1 1. avons été navrés / sommes désolés 2. par 3. sont parvenues 4. en sorte 5. vous soient 6. expédiées / livrées

2 1. est due 2. comptabilité 3. facturé 4. a été faite 5. ci-joint 6. modifiée / rectifiée

3 1. sincères 2. dû à 3. est en 4. faire parvenir 5. plus tôt

14 VERHANDLUNGEN UND VEREINBARUNGEN

1 1. commerciale 2. voudrions 3. distribution / vente

2 1. société / entreprise 2. spécialisée 3. contrat 4. commerciale 5. Ci-inclus / Ci-joint 6. espérons 7. attention

3 1. distribution 2. intéresserait 3. un joint-venture 4. pourrions / voudrions 5. prometteur 6. serions 7. en contact 8. plus vite / rapidement

15 EINEN VERTRAG SCHLIESSEN

1 1. (Comme) suite à 2. plaisir 3. vendre / distribuer 4. vous trouverez 5. signer 6. retourner

2 1. se limite 2. renouvelé 3. performances 4. commission 5. accordée 6. articles commandés

16 DANKSCHREIBEN

1 Cher Monsieur,
Je vous remercie bien sincèrement de l'aimable réception / de l'amicale réception réservée à mes égards / que vous avez su me réserver ainsi que pour l'excellent repas.
En souhaitant que notre coopération soit durable et riche en apports, je vous prie de croire à mes sentiments cordiaux.

2 1. Veuillez 2. remerciements 3. accueil

3 1. tiens 2. pour 3. lors

17 EINLADUNGEN

1 1. êtes 2. invité / e 3. aura lieu 4. le

2 1. l'occasion 2. plaisir 3. à 4. qui aura lieu à / à 5. Tenue

3 1. remercie 2. aimable 3. organisée 4. serais 5. plaisir 6. m'appellent

4 1. remercient 2. sont au regret/ regrettent 3. l'accepter 4. préalable

18 GESCHÄFTLICHE MITTEILUNGEN

1 1. vous informer 2. fusion 3. avec 4. conséquence 5. pouvons 6. gamme 7. réductions 8. appréciables

2 1. marquer 2. offrons 3. réduction exceptionnelle 4. pour

3 1. annoncer 2. succursale 3. l'avantage 4. plein cœur

4 Richtige Reihenfolge:
Nous avons le plaisir de vous adresser notre nouveau catalogue où vous trouverez notamment notre toute nouvelle gamme de mobilier de bureau à des prix très avantageux et encore mieux adaptée à vos besoins.

19 STELLENANGEBOTE UND BEWERBUNGEN

1 1. parue 2. du 3. poser 4. poste 5. sein

2 1. citée 2. m'intéresse 3. mettez à disposition/ offrez 4. recherche/ sollicite 5. travailler 6. marché/ domaine 7. connaissances

3 Sylvie Martin
35 rue de Montmorency
75003 Paris

Actes d'Achats
Anne Dumarié
B.P. 23
29107 Quimper

Objet : Poste de responsable de clientèle

Chère Madame,
A la suite de votre annonce parue le... dans..., je me permets de solliciter le poste de responsable de clientèle au sein de votre entreprise.

Comme vous pourrez le constater, à la lecture de mon curriculum vitae, mes études en commerce et économie ainsi que mon expérience, en tant que stagiaire, dans le service après-vente du groupe ABZ, m'ont permis d'acquérir des connaissances dans le domaine de l'agro-alimentaire d'une part et d'autre part de développer mes qualités au niveau des contacts commerciaux.

Je pense ainsi avoir la formation nécessaire et les qualités requises pour le poste envisagé.

J'espère qu'il vous sera possible de prendre ma demande en considération et me tiens à votre entière disposition pour un entretien avec vous.

Veuillez croire, Madame, à l'expression de mes sentiments respectueux.

20 PERSÖNLICHE KORRESPONDENZ

1 1. d'apprendre 2. eu 3. soulagé/e 4. trop grave 5. tous mes meilleurs vœux 6. rétablissement

2 1. tiens 2. mes meilleurs vœux 3. souhaite 4. prochaine

21 TELEFONIEREN

1 1c - 2a - 3e - 4b - 5d

2 1b - 2a - 3d - 4e - 5c - 6f

3 Date : 5 mai Heure : 10 h 30
À l'attention de : M. Falardeau
En votre absence
M. *Francis* Lachance
Société : *WBM*
Tél. : 01.45.88.47.22

Message :
Monsieur *Lachance* doit reporter votre rendez-vous. Il doit *partir* d'urgence *pour l'Algérie*. Le nouveau rendez-vous sera le mercredi 15 à *16* heures.
Hélène Martin

Nützliche Wendungen

Briefanfang

Informieren, ankündigen

Nous avons le plaisir de vous annoncer que...	Wir freuen uns, Ihnen mitteilen zu können, dass ...
Nous avons le plaisir de vous informer que...	Wir freuen uns, Sie davon in Kenntnis zu setzen, dass ...
Vous apprendrez avec intérêt que...	Es wird Sie interessieren, dass ...
Votre lettre du... a reçu toute notre attention.	Ihren Brief vom ... haben wir mit Interesse gelesen.
Je tiens à vous faire savoir que...	Es liegt mir daran, Ihnen mitzuteilen, dass...

Den Empfang bestätigen, sich auf einen vorausgegangenen Kontakt beziehen

Nous avons bien reçu votre lettre du... et vous en remercions.	Ihren Brief vom ... haben wir dankend erhalten.
Nous accusons réception de...	Wir bestätigen den Erhalt von ...
(Comme) Suite à notre entretien télépho-nique...	Bezug nehmend auf unser Telefongespräch ...
Comme mentionné dans ma lettre du...	Wie in meinem Brief vom ... erwähnt ...
Suite à votre lettre du...	Bezug nehmend auf Ihren Brief vom ...
En réponse à votre courrier du...	In Beantwortung Ihres Schreibens vom ...

Auf Anlagen hinweisen

Veuillez trouver ci-joint...	In der Anlage erhalten Sie ...
Vous trouverez ci-joint...	Anbei finden Sie ...
Nous avons le plaisir de vous adresser ci-joint/ ci-inclus...	Wir freuen uns, ... beizufügen.
Je vous adresse par le même courrier...	Ich schicke Ihnen anbei ...
Nous vous adressons sous pli séparé / sous ce pli...	Wir schicken ... mit getrennter Post / als Anlage.

Einem Termin zustimmen

La date que vous proposez me convient parfaitement.	Das von Ihnen vorgeschlagene Datum passt mir sehr gut.
Comme vous le proposez, je me rendrai le 5 mai à 14 heures à votre bureau.	Wie Sie es vorschlagen, werde ich am 5. Mai um 14 Uhr in Ihrem Büro sein.

Je suis d'accord avec la date du rendez-vous que vous proposez.	Ich bin mit dem von Ihnen vorgeschlagenen Termin einverstanden.

Ablehnen, ein Angebot zurückweisen

Nous avons le regret de vous informer que...	Es tut uns leid, Sie davon in Kenntnis zu setzen, dass ...
Nous regrettons de devoir vous informer que...	Es tut uns leid, Ihnen mitteilen zu müssen, dass ...
Malheureusement, je crains que...	Leider fürchte ich, dass ...
A mon grand regret...	Sehr zu meinem Bedauern ...
Nous ne sommes pas en mesure d'accepter...	Wir sind nicht in der Lage, ... anzunehmen.
Il m'est impossible de...	Es ist mir nicht möglich, ...

Anfragen

Eine Bitte formulieren

Pourriez-vous... ?	Könnten Sie ...?
Je vous serais reconnaissant/e de (bien vouloir)...	Ich wäre Ihnen dankbar, wenn Sie ... (könnten).
Nous vous saurions gré de...	Wir wären (sehr) dankbar für ...
Auriez-vous l'amabilité de... ?	Wären Sie so freundlich, ...?
Vous serait-il possible de... ?	Wäre es Ihnen möglich, ... zu ...?
Nous aimerions / voudrions...	Wir möchten ...

Informationen einholen

Veuillez nous faire savoir si...	Bitte teilen Sie uns mit, ob ...
Nous aimerions savoir si... ou...	Wir wüssten gern, ob ... oder ...
Pourriez-vous me dire si... ?	Könnten Sie mir sagen, ob ...?
Veuillez nous faire parvenir...	Bitte senden Sie uns ...
Auriez-vous l'obligeance de m'envoyer... ?	Könnten Sie mir freundlicherweise ... zuschicken?
Veuillez me donner des précisions sur...	Bitte geben sie mir genauere Angaben zu ...

Um eine Antwort oder Bestätigung bitten

Veuillez répondre dans les plus brefs délais / par retour du courrier.	Bitte antworten Sie umgehend / postwendend.
Nous vous prions de nous répondre rapidement.	Wir bitten um eine rasche Antwort.
Veuillez nous le faire savoir le plus vite possible.	Bitte lassen Sie es uns schnellstmöglich wissen.

Veuillez envoyer votre réponse à...	Ihre Antwort senden Sie bitte an ...
Veuillez entrer en contact avec...	Setzen Sie sich bitte mit ... in Verbindung.
Veuillez confirmer...	Bitte bestätigen Sie ...

Vorschläge, Angebote, Einladungen

Vorschlagen

Permettez-moi de vous suggérer...	Darf ich vorschlagen, ...
Je (vous) suggérerais...	Ich würde vorschlagen, ...
Nous pouvons vous proposer...	Wir können Ihnen ... vorschlagen.
Vous pourriez peut-être...	Sie könnten vielleicht ...
Je propose que...	Ich schlage vor, dass ...
A notre avis / D'après nous, il serait bon / judicieux...	Unserer Meinung nach wäre es sinnvoll, ...

Ein Angebot machen

Nous (vous) offrons...	Wir bieten (Ihnen) ... (an).
Nous pourrions vous offrir...	Wir könnten Ihnen ... anbieten.
Ces marchandises font l'objet d'une offre spéciale.	Diese Waren sind im Sonderangebot.
Nous serions enchantés / heureux de...	Wir würden sehr gern ...
Nous aimerions vous faire bénéficier de...	Wir würden Sie gern in den Genuss von ... kommen lassen.
Nous vous garantissons...	Wir garantieren Ihnen ...

Einladen

J'aimerais vous inviter (à)...	Ich möchte Sie (zu) ... einladen.
Nous serions ravis de vous avoir parmi nous pour...	Wir würden uns sehr freuen, wenn Sie zu / für ... zu uns kämen.
Je serais enchanté/e si vous pouviez nous rendre visite.	Ich wäre sehr erfreut, wenn Sie uns besuchen könnten.

E-Mail- und Online-Verkehr

Online kommunizieren

par e-mail / par courriel / par courrier électronique	per E-Mail
Bienvenue sur nos pages Web / dans le monde des internautes !	Willkommen auf unseren Webseiten!
Veuillez me faire parvenir un e-mail / courriel ou un fax.	Senden Sie mir bitte eine E-Mail oder ein Fax.
Participer à des forums de discussion.	An Newsgroups / Diskussionsforen teilnehmen.
Faites des achats en ligne.	Shoppen Sie Online!
En tapant cette adresse vous pouvez visiter notre site Web.	Wenn Sie diese Adresse eingeben, können Sie unsere Website besuchen.
Vous y trouverez les conditions générales de notre commerce électronique démarré il y a deux semaines.	Dort finden Sie die allgemeinen Bedingungen unseres Internetverkaufs, der vor 2 Wochen gestartet ist.
Visitez notre vitrine en ligne et informez-vous 24 h sur 24 sur nos produits.	Besuchen Sie unseren Online-Shop und informieren Sie sich rund um die Uhr über unsere Produkte!
Profitez de nos offres spéciales sur Internet et cliquez tout simplement votre commande.	Nutzen Sie unsere Internetangebote und bestellen Sie einfach per Mausklick!

Schwierigkeiten

Votre message / e-mail / courriel n'a pas été reçu.	Ihre Mail wurde nicht empfangen.
Si le serveur ne reconnait pas l'adresse de destination, il vous informera par e-mail / courriel.	Wenn der Server die Empfängeradresse nicht erkennt, werden Sie per E-Mail benachrichtigt.
L'adresse de notre correspondant n'a pas été correctement libellée.	Die Internetadresse wurde nicht korrekt eingegeben.
L'adresse du destinataire est erronée.	Die Empfängeradresse ist fehlerhaft.
Ce service en ligne nous permet de demander un accusé de réception.	Mit diesem Online-Dienst können Sie im Zweifelsfall eine Empfangsbestätigung anfordern.

Reklamationen

Reklamieren, beanstanden

Nous aimerions vous rappeler que...	Wir möchten Sie daran erinnern, dass ...
Nous regrettons de devoir vous informer que... ne nous est pas encore parvenu/e.	Leider müssen wir Ihnen mitteilen, dass ... noch nicht eingetroffen ist.
Nous sommes au regret de devoir vous signaler que nous n'avons pas encore reçu...	Wir bedauern, Ihnen mitteilen zu müssen, dass wir ... noch nicht erhalten haben.
Veuillez rechercher les raisons de la non-livraison de...	Bitte bringen Sie in Erfahrung, warum die Lieferung von ... noch nicht erfolgt ist.
Veuillez nous fournir des explications au sujet de...	Wir bitten um eine Erklärung betreffend ...
Je suis au regret de devoir faire une réclamation à propos de...	Leider muss ich mich über ... beschweren.
Nous nous voyons dans l'obligation de...	Wir sehen uns gezwungen, ...

Auf ein Problem aufmerksam machen

Nous voudrions attirer votre attention sur le fait que...	Wir möchten Sie darauf hinweisen, dass ...
Il doit y avoir une erreur.	Es / Da muss ein Fehler vorliegen.

Gewissheit, Vermutung, Zweifel

Gewissheit zum Ausdruck bringen

Il est clair que...	Es ist klar, dass ...
Il est évident que...	Es ist selbstverständlich, dass ...
Il ne fait aucun doute que...	Es besteht kein Zweifel, dass ...
Nous sommes persuadés que...	Wir sind überzeugt, dass ...
Nous ne manquerons pas de...	Wir werden (es) nicht versäumen zu ...

Vermutungen anstellen

Il se pourrait que...	Es ist sehr wahrscheinlich, dass ...
Il semblerait que...	Es hat den Anschein, dass ...
Tout semble indiquer que...	Alles scheint darauf hinzuweisen, dass ...
Il pourrait s'agir de...	Es könnte sich um ... handeln.
Au cas où cela ne conviendrait pas...	Sollte dies unpassend / ungelegen sein, ...
Au cas où vous ne seriez pas disponible ...	Sollten Sie nicht verfügbar sein, ...
Si cela n'était pas conforme à...	Sollte dies nicht mit ... übereinstimmen, ...
Dans le cas où vous constateriez...	Falls Sie ... feststellen sollten, ...

Zweifel und Befürchtungen zum Ausdruck bringen

Malheureusement...	Leider ...
Je crains que...	Ich fürchte, dass ...
Nous doutons / Nous ne sommes pas certains que...	Wir bezweifeln, dass ...
Il risque d'y avoir du retard.	Es könnte eine Verzögerung eintreten.
Un retard n'est pas à exclure.	Eine Verzögerung ist nicht auszuschließen.

Sich entschuldigen

Nous avons été désolés d'apprendre que ...	Es tat uns leid zu hören, dass ...
Nous sommes désolés / navrés de / que...	Es tut uns sehr leid, dass ...
Nous vous prions d'excuser...	Wir entschuldigen uns für ...
Veuillez accepter nos sincères excuses pour...	Wir bitten Sie herzlich, uns für ... zu entschuldigen.
Nous devons vous présenter nos excuses pour...	Wir müssen uns für ... entschuldigen.
Veuillez nous excuser...	Bitte entschuldigen Sie ...

Sich bedanken

formell

J'aimerais vous exprimer ma sincère gratitude / mes sincères remerciements pour...	Ich möchte mich aufrichtig für ... bedanken.
Nous vous sommes très obligés de...	Wir sind Ihnen für ... zu größter Dankbarkeit verpflichtet.
Ce fut très aimable à vous / de votre part ...	Es war sehr freundlich von Ihnen ...
Nous voudrions vous remercier de...	Wir möchten Ihnen für ... danken.
Nous vous sommes très reconnaissants pour...	Wir bedanken uns sehr für ...
Je vous prie d'accepter / Veuillez agréer / accepter nos remerciements les plus sincères pour...	Wir bedanken uns ganz herzlich für ...
Veuillez recevoir l'expression de notre gratitude / nos sincères remerciements pour...	Wir möchten unserer Dankbarkeit / unserem aufrichtigen Dank für ... Ausdruck verleihen.

informell

Nous vous remercions pour...	Wir danken Ihnen für ...
Merci pour...	Danke für ...
Merci beaucoup pour...	Vielen Dank für ...

Glückwünsche

Toutes nos félicitations.	Herzliche Glückwünsche.
Veuillez recevoir nos sincères félicitations.	Wir senden unsere herzlichen Glückwünsche.
Nous vous adressons nos meilleurs vœux.	Wir schicken Ihnen unsere (aller)besten Wünsche.
Je vous souhaite un joyeux anniversaire.	Ich möchte Ihnen alles Gute zum Geburtstag wünschen.
Nous vous souhaitons bonne chance.	Wir wünschen Ihnen viel Erfolg.

Briefschluss

Recevez encore nos remerciements pour votre aide.	Wir möchten uns nochmals für Ihre Hilfe bedanken.
Avec mes / nos remerciements anticipés.	Mit bestem Dank im Voraus.
Nous restons à votre entière disposition pour tous renseignements complémentaires.	Für weitere Auskünfte stehen wir Ihnen jederzeit gern zur Verfügung.
Dans l'attente de votre réponse, ...	In Erwartung Ihrer Antwort ...
Dans l'espoir d'une réponse favorable...	In der Hoffnung auf eine positive Antwort ...
Nous vous remercions d'avance de votre compréhension / de la promptitude / de cette rectification.	Wir danken Ihnen im Voraus für Ihr Verständnis /die rasche Erledigung / diese Berichtigung.

Geläufige Abkürzungen

a.c.	année courante	dieses Jahres
AFNOR	Association Française de Normalisation	französischer Verband für Normen
A.N.P.E.	Agence nationale pour l'emploi	Arbeitsamt
AR	accusé de réception	Empfangsbestätigung
arr.	arrondissement	Stadtbezirk
art.	article	Artikel
attn	à l'attention de	zu Händen von
bd.	boulevard	Boulevard, große Straße
B.I.T.	Bureau International du Travail	IAA, Internationales Arbeitsamt
B.N.P.	Banque Nationale de Paris	Nationalbank von Paris
B.O.	Bulletin officiel	Amtliches Gesetzblatt
B.P.	boîte postale	Postfach
c.-à-d.	c'est-à-dire	d. h., das heißt
CAF / CIF	coût, assurance, fret / cost, insurance, freight	Kosten, Versicherung, Fracht *(offizieller Begriff der INCOTERMS)*
C.C.I.	Chambre de Commerce Internationale	Internationale Handelskammer
	Chambre de Commerce et d'Industrie	IHK, Industrie- und Handelskammer
C.C.P.	compte chèque postal	Postscheckkonto
Cedex	courrier d'entreprise à distribution exceptionnelle	Verteilungssystem der Post für Posteingänge von Firmen
C.E.I.	Communauté des Etats Indépendants	GUS, Gemeinschaft Unabhängiger Staaten
cf.	confer, voir	s., siehe / vgl., vergleiche
CFR	coût et fret	Kosten und Fracht
Cie	compagnie	Co., Handelsgesellschaft
CIF / CAF	coût, assurance, fret	Kosten, Versicherung, Fracht
CIP / PAP	Fret ou port payé assurance comprise jusqu'à...	frachtfrei versichert bis...
C.O.B.	commission des opérations de Bourse	Börsenkommission
COFACE	Compagnie Française d'Assurance pour le Commerce Extérieur	Französische Versicherungsgesellschaft für den Außenhandel
C / P	Charte-partie	Schiffscharter-Vertrag
cpt / POP	comptant / Port Payé (carriage payed to...)	bar

ct	courant	dieses Monats
C.V.	curriculum vitae	Lebenslauf
D/A	documents contre acceptation	Dokumente gegen Akzept
DAF	Rendu frontière	geliefert Grenze
DAP/RLD	rendu au	geliefert
DAT/RPD	rendu au terminal	geliefert Terminal
DDP/RDA	Rendu droits acquittés	geliefert verzollt
DEQ	Rendu ex quai	geliefert ab Kai
DES	Rendu ex ship	geliefert ab Schiff
D.O.M.	département d'outre-mer	überseeisches Departement
D/P	documents contre paiement	Dokumente gegen Zahlung
éc.	écoulé	vorigen Monats
Ets	établissements	Unternehmen, Firma
E.U.R.L.	Entreprise universelle à responsabilité limitée	Ein-Mann-GmbH
Exp.	expéditeur	Absender
EXW/ENU	À l'usine (Ex work)	ab Werk
FAB/FOB	franco à bord	frei an Bord
FLB/FAS	franco le long du navire	frei Längsseite Schiff
F.M.I	Fonds Monétaire International	Internationaler Währungsfonds
FOB/FAB	franco à bord	frei an Bord
FOR/FOT	franco sur wagon	frei Waggon
FCT/FCA	franco transporteur (Free Carrier)	frei Frachtführer
G.I.E.	Groupement d'intérêt économique	wirtschaftliche Interessengemeinschaft
H.T.	hors taxes	Steuer nicht inbegriffen
I.N.S.E.E.	Institut National de la Statistique et des Etudes Economiques	staatl. Institut für Statistik und Wirtschaftsstudien
J.O.	Journal Officiel	Amtsblatt
LR	lettre recommandée	Einschreibebrief
L.T.A.	Lettre de transport aérien	Luftfrachtbrief
N°, no	numéro	Nummer
N/Réf., n/réf.	notre/nos référence(s)	unser/e Zeichen
O.C.D.E.	Organisation pour la coopération et le développement économiques	OECD, Organisation für wirtschaftliche Zusammenarbeit und Entwicklung
p.a.	par autorisation	im Auftrag

P.C.C.	pour copie conforme	für die Richtigkeit der Abschrift
P.D.G.	Président-directeur général	Generaldirektor
p.ex.	par exemple	z. B., zum Beispiel
P. et T.	Postes et Télécommunications	Post- und Fernmeldeamt
P.J.	pièce(s) jointe(s)	Anlage(n)
P.M.E.	petite(s) et moyenne(s) entreprise(s)	Klein- und Mittelbetrieb(e)
P.M.I.	petites et moyennes industries	kleine und mittelständische Industrie
PNB	produit national brut	Bruttosozialprodukt
p.o.	pour / par ordre	im Auftrag
PoP	numéro de téléphone local de connexion au réseau Internet	Point of Presence / Einwahlknoten
p.p.	par procuration	per Prokura
PR	poste restante	postlagernd
P.S.	post-scriptum	Postskriptum
P.U.	prix unitaire	Stückpreis
P.V.	petite vitesse	Frachtgut
R	recommandé	Einschreiben
R.A.	régime accéléré	als Eilgut
R.A.S.	rien à signaler	k.b.V., keine besonderen Vorkommnisse
R.C.(S.)	registre du commerce (et des sociétés)	Handelsregister
R.E.	régime express	als Expressgut
réf., Réf.	référence	Zeichen, Nummer
R.I.B.	relevé d'identité bancaire	Bankkundencode
RNIS	Réseau Numérique à Intégration de Services	ISDN (Integrated Services Digital Network)
R.O.	régime ordinaire	Frachtgut
R.S.	raison sociale	Firmenname
r.s.v.p.	réponse s'il vous plaît	u.A.w.g., um Antwort wird gebeten
S.A.	société anonyme	AG, Aktiengesellschaft
S.A.R.L.	société à responsabilité limitée	GmbH, Gesellschaft mit beschränkter Haftung
S.C.	société en commandite	KG, Kommanditgesellschaft
SERNAM	Service National des Messageries de la SNCF	Güterbeförderungsgesellschaft der frz. Staatseisenbahnen
S.I.R.E.N. / S.I.R.E.T.	Système Informatique du Répertoire des Entreprises et établissements	zentraler EDV-Katalog aller französischen Firmen

S.N.C.	société en nom collectif	OHG, Offene Handelsgesellschaft
S.N.C.F.	Société Nationale des Chemins de fer Français	französische Staatseisenbahn
Sté	société	Gesellschaft, Firma
s.v.p.	s'il vous plaît	bitte
T.G.V.	train à grande vitesse	Hochgeschwindigkeitszug
T.I.R.	Transit International Routier	Internationaler Straßengüterverkehr
T.O.M.	territoire d'outre-mer	überseeisches Gebiet
T.T.C.	toutes taxes comprises	einschließlich aller Abgaben
T.V.A.	taxe sur la valeur ajoutée	MwSt., Mehrwertsteuer
V / Réf., v / réf	votre / vos référence(s)	Ihr/e Zeichen
V.P.C.	vente par correspondance / catalogue	Versandhandelsverkauf
V.R.P.	Voyageur Représentant Placier	Handelsreisender, Vertreter
Web	Réseau mondial des sites Internet	WWW (World Wide Web)

Wortliste Französisch - Deutsch

Folgende Übersetzungen beziehen sich auf die Schreiben, Dialoge und Textbausteine in diesem Buch. Die Vokabeln haben zum Teil auch andere Bedeutungen, die Sie in den gängigen Wörterbüchern oder im Online-Wörterbuch unter www.pons.eu finden werden.

A

abîmé/e - *beschädigt*
acceptation *f - Annahme*
accepter - *annehmen*
accès *m - Zugang*
accessoire *m - Zubehör*
accident *m - Unfall*
accord *m - Vereinbarung, Vertrag; Übereinstimmung*
en **accord avec** - *in Übereinstimmung mit*
accorder (un crédit) - *(einen Kredit) gewähren, einräumen*
accorder confiance (à) - *Vertrauen schenken*
accroissement *m - Anstieg, Zunahme*
accueil *m - Empfang*
accueillir - *empfangen*
accusé *m* **de réception** - *Empfangsbestätigung*
accuser réception de - *den Empfang bestätigen*
achat *m* **en ligne** - *Online-Shopping*
acheteur *m - Käufer*
acompte *m - Anzahlung*
acquérir - *erwerben*
acquitter - *(Rechnung) begleichen; entrichten*
admettre - *annehmen, zugestehen*
administration *f - Verwaltung*
adresser à - *senden, schicken an*
affaires *fpl - Geschäfte*
afflux *m - Häufung, Zunahme*
agence *f - Agentur, Zweigstelle*
agent *m* **commercial** - *Handelsvertreter*
agrément *m - Zustimmung*
aisé/e - *leicht*
ajourner - *verschieben*
ajouter - *hinzufügen*
altéré/e - *verdorben*
améliorer - *verbessern*
ample - *(Information) ausführlich*
année *f* **commerciale** - *Geschäftsjahr*
annexe *f - Anlage*
anniversaire *m - Geburtstag; Jubiläum*
annonce *f - Anzeige, Ankündigung*
annoncer - *ankündigen*
annoter - *vermerken*
annuel / le - *Jahres-; jährlich*
annulation *f - Annullierung*
annuler - *annullieren, stornieren; absagen; (Vertrag) kündigen*
anomalie *f - Unregelmäßigkeit*
anticipé/e - *Voraus-; im Voraus*
appareil *m - (Telefon-) Apparat*
*être à l'***appareil** - *am Apparat / am Telefon sein*
appel *m - Anruf*
apporter - *bringen*
apprendre (une nouvelle) - *erfahren*
approfondir - *vertiefen*
arobas *m,* **arobase** *f - „Klammeraffe", @*
arrhes *fpl - Anzahlung*
arrivée *f - Ankunft, Eingang*
arriver - *ankommen*
article *m - Artikel*
assister à - *teilnehmen an*
*s'***associer** - *sich zusammenschließen*
assumer des responsabilités *fpl - Verantwortung übernehmen*
assurance *f - Versicherung*
assurance comprise - *frachtfrei versichert*
assuré/e *m / f - Versicherte/r; versichert*
assurer - *versichern, zusichern; sorgen für*
assureur *m - Versicherer*
attendre - *warten, erwarten*
attente *f - Erwartung*
attention *f - Aufmerksamkeit*
*à l'***attention de** - *zu Händen von*
attirer l'attention sur - *aufmerksam machen auf*
augmenter - *erhöhen, zunehmen*
par **autorisation** *f - im Auftrag*
*à l'***avance** - *im Voraus*
*d'***avance** - *im Voraus*
avantageux / -euse - *vorteilhaft, günstig*
avarie *f - Schaden*
par **avion** - *(per) Luftfracht*
avis *m* **de paiement** - *Zahlungsanzeige*
avis *m* **de réception** - *Rückschein*
aviser de - *benachrichtigen, verständigen*
avoir *m - Gutschrift(sanzeige), Guthaben*

B

bancaire - *Bank-*
bateau *m* - *Schiff*
batterie *f* - *Akku*
bavardage *m* - *Chat (virtuelle Unterhaltung)*
bénéficiaire *m/f* - *Begünstigte/r*
bénéficier de - *Vorteil ziehen aus, profitieren von*
besoin *m* - *Bedarf; Bedürfnis*
avoir **besoin de** - *benötigen*
bimensuel/le - *zweimal im Monat*
boîte *f* - *Schachtel*
boîte *f* **aux lettres électronique** - *elektronischer Briefkasten*
boîte *f* **vocale** - *Mailbox*
bon *m* **de commande** - *Bestellschein*
bon *m* **de livraison** - *Lieferschein*

C

caisse *f* - *Kiste, Kasse*
calcul *m* - *Kalkulation, Berechnung*
camion *m* - *Lastwagen*
campagne *f* **publicitaire** - *Werbekampagne*
candidature *f* - *Bewerbung*
en **caractères d'imprimerie** - *in Blockschrift*
carrière *f* - *berufliche Laufbahn*
carte *f* **de crédit** - *Kreditkarte*
à **cause de** - *wegen*
causer des soucis - *Sorgen zufügen*
causerie *f* - *Chat (virtuelle Unterhaltung)*
célibataire - *ledig*
centenaire *m* - *hundertjähriges Jubiläum*
certifié/e (conforme) - *beglaubigt*
chambre *f* **de commerce** - *Handelskammer*
chambre *f* **individuelle** - *Einzelzimmer*
chambre, en demi-pension - *Zimmer mit Halbpension*
à la **charge de** - *zu Lasten von*
chargement *m* - *Be-, Verladen; Fuhre, Ladung*
charger de - *beauftragen mit*
chèque *m* - *Scheck*
chiffre *m* **d'affaires** - *Umsatz*
choix *m* - *Wahl, Auswahl*
ci-joint - *anbei, als Anlage*
classe *f* **affaires** - *Business-Class*
client/e *m/f* - *Kunde/-in*
client/e *m/f* **fidèle** - *Stammkunde/-in*
clientèle *f* - *Kundschaft*
code *m* **postal** - *Postleitzahl*
collaboration *f* - *Zusammenarbeit*
commande *f* - *Bestellung, Auftrag*
commande *f* **d'essai** - *Probeauftrag*
commande *f* **initiale** - *Erstbestellung*
commander - *bestellen*
commander en un clic - *per Mausklick bestellen*
commerce *m* **électronique** - *Internet-Verkauf*
commercial/e - *Geschäfts-, Handels-; kaufmännisch*
commercialisation *f* - *Vermarktung, Vertrieb*
commettant *m* - *Auftraggeber*
commission *f* - *Provision*
compagnie *f* **d'assurance** - *Versicherungsgesellschaft*
compétence *f* - *Zuständigkeit; Kompetenz*
compétent/e - *zuständig; sachkundig*
compétitif/-ve - *konkurrenz-, wettbewerbsfähig*
complémentaire - *ergänzend*
complet - *(Hotel) belegt*
comporter - *aufweisen, enthalten*
compréhensible - *verständlich*
compréhensif/-ve - *einsichtig*
compréhension *f* - *Verständnis*
compris/e - *inbegriffen*
comptabilité *f* - *Buchhaltung*
compte *m* - *Konto*
compte *m* **client** - *Kundenkonto*
pour le **compte de** - *auf Rechnung von*
compte rendu *m* - *Protokoll*
compter - *rechnen; zählen*
compter parmi - *zählen zu*
compter sur - *rechnen mit*
à **compter de** - *ab (zeitl.)*
concernant - *betreffend*
concession *f* - *Alleinvertretung*
concessionnaire *m* - *Alleinvertreter*
concorder - *übereinstimmen, passen*
concurrence *f* - *Konkurrenz*
concurrentiel/le - *konkurrenz-, wettbewerbsfähig*
condition *f* - *Bedingung*
conditions *fpl* **de paiement** - *Zahlungsbedingungen*
conditions *fpl* **de vente** - *Verkaufsbedingungen*
condoléances *fpl* - *Beileidswünsche*
conférence *f* - *Konferenz; Vortrag*
conférence-multimédia *f* - *Multimediakonferenz*
confiance *f* - *Vertrauen*
confier - *übergeben, anvertrauen*
confidentiel/le - *vertraulich*
confirmation *f* - *Bestätigung*

confirmer - *bestätigen*
être **conforme à** - *übereinstimmen mit, entsprechen*
conformément à - *gemäß, entsprechend*
congrès *m* - *Kongress, Tagung*
connecter - *anschließen*
se **connecter à** - *sich den Zugang zu ... ermöglichen, sich anschließen lassen*
connexion *f* **internet** - *Internetanschluss*
conquérir - *erobern*
conseiller - *raten*
consentir à (une demande) - *(einer Bitte) entsprechen*
consentir (un rabais) - *(einen Rabatt) gewähren*
conséquent/e - *deutlich*
constater - *feststellen*
prendre **contact** - *sich in Verbindung setzen*
contacter - *Kontakt aufnehmen, sich in Verbindung setzen*
contenir - *beinhalten*
contenu *m* - *Inhalt*
contraint/e - *gezwungen*
contrariété *f* - *Ärger, Verärgerung*
contrat *m* - *Vertrag*
contrat *m* **de concession** - *Alleinvertretervertrag*
contrat *m* **d'entreprise conjointe** - *Joint Venture-Vertrag*
contrat *m* **de représentation (commerciale)** - *Vertretervertrag*
contrat *m* **de vente** - *Kaufvertrag*
contretemps *m* - *Störung, Unannehmlichkeit*
contrordre *m* - *Abbestellung, Absage*
sauf **contrordre** *m* - *vorbehaltlich Widerruf*
convenir (de) - *vereinbaren*
comme convenu - *wie vereinbart*
dans les temps **convenus** - *in der vorgesehenen Zeit*
convier à - *einladen zu*
coordonnées *fpl* - *Angaben; Adresse und Telefonnummer*
correspondre (à) - *entsprechen*
être **coupé/e** - *(am Telefon) unterbrochen werden*
courant - *dieses Monats*
dans le **courant de** - *im Laufe von*
courriel *m* - *E-Mail*
courrier *m* - *Brief, Schreiben; Post*
courrier *m* **électronique** - *E-Mail*
coût *m* - *Preis; Kosten*
craindre - *befürchten*
crédit *m* - *Kredit; Zahlungsziel*
crédit-bail *m* - *Leasing*
crédit documentaire *m* - *(Dokumenten-) Akkreditiv*
créditer - *gutschreiben*
curriculum vitae *m* - *Lebenslauf*

D

date *f* - *Datum*
date *f* **de facturation** - *Rechnungsdatum*
décliner - *ablehnen*
déconnecté/e, non connecté/e - *offline*
dédommagement *m* - *Entschädigung*
déduction *f* - *Abzug*
déduire - *abziehen*
à **défaut de** - *in Ermangelung, mangels*
délai *m* - *Frist*
dans les plus brefs **délais** - *umgehend*
demande *f* - *An-, Nachfrage*
demande *f* **d'emploi** - *Bewerbung*
demande *f* **d'offre(s)** - *Anfrage*
demande *f* **de renseignement(s)** - *Anfrage, Auskunftsgesuch*
demander - *anfragen*
sur **demande** - *auf Anfrage*
faire des **démarches** *fpl* - *Schritte unternehmen*
mettre en **demeure de** - *auffordern zu*
demi-pension *f* - *Halbpension*
démonstration *f* - *Vorführung*
départ usine - *ab Werk*
département *m* - *Abteilung*
dépasser - *überschreiten*
dépenses *fpl* - *Ausgaben, Kosten*
(être en) **déplacement** *m* - *auf Geschäftsreise sein*
déplacer - *verschieben, verlegen*
dépliant *m* - *Faltprospekt*
désagréments *mpl* - *Unannehmlichkeiten*
destination *f* - *Bestimmungsort*
détaillant /e *m / f* - *Einzelhändler / in*
détaillé /e - *detailliert, ausführlich, genau*
détails *mpl* - *Einzelheiten*
dettes *fpl* - *Schulden*
devis *m* - *(Kosten-)Voranschlag*
diffuser - *verbreiten; vertreiben*
directeur / -trice *m / f* **d'entreprise** - *Betriebs-, Firmenleiter / in*
directive *f* - *Anweisung*
disponible - *verfügbar, vorrätig*
disposer de - *zur Verfügung haben*
à **disposition** - *zur Verfügung*

prendre des **dispositions** - *Vorkehrungen treffen*
distribution *f - Vertrieb*
diversifier - *vielseitiger gestalten, auffächern*
documentation *f - Informationsmaterial; Unterlagen*
domaine *m - Gebiet, Bereich*
domaine *m* **d'intervention** - *Verkaufsgebiet, Tätigkeitsbereich*
dommage *m - Schaden*
donner suite à - *etwas weiterverfolgen*
dossier *m - Akte, Unterlagen*
douane *f - Zoll(behörde)*
douanier / -ière - *Zoll-*
double *m - Doppel, Kopie*
droit *m - Recht*
droits *mpl - Gebühren*
dû / due (à) - *geschuldet; zurückzuführen (auf)*
dûment - *ordnungsgemäß*
durable - *dauerhaft*

E

en **échange** - *als Gegenleistung*
échantillon *m - Muster, (Waren-)Probe*
échéance *f - Zahlungsziel; Fälligkeit*
échu/e - *fällig*
économique - *wirtschaftlich; preiswert*
écoulé/e - *(Frist) abgelaufen; (Monat) vergangen*
écran de projection *m - Leinwand*
écran tactile *m - Touchscreen*
effectuer - *aus-, durchführen*
*s'***effectuer** - *erfolgen*
efficacité *f - Leistung*
*s'***égarer** - *verloren gehen*
élargir - *ausdehnen*
élevé/e - *hoch*
e-mail *m - E-Mail*
emballage *m - Verpackung*
emballer - *verpacken*
embarras *m - Verlegenheit*
emploi *m - Beschäftigung, Stelle*
emploi *m* **du temps** - *Terminplan, -kalender*
employé/e *m / f - Mitarbeiter/in; Angestellte/r*
employer - *anwenden; ein-, anstellen*
*s'***empresser de** - *sich beeilen*
endommagé/e - *beschädigt*
engagement *m - Verpflichtung; Zusage*
sans **engagement** - *unverbindlich*
*s'***engager à** - *sich verpflichten zu*
enquête *f - Umfrage*
enregistrer - *vormerken; buchen*
entrepôt *m - Lager*
entreprise *f - Firma, Unternehmen*
*co-***entreprise** *f - Joint Venture*
entreprise *f* **familiale** - *Familienbetrieb*
entretenir - *unterhalten; pflegen*
entretien *m - Gespräch*
envisager - *beabsichtigen*
envoi *m - Sendung, Zusendung*
envoi *m* **recommandé** - *Einschreiben*
envoyer - *senden, schicken*
épeler - *buchstabieren*
épuisé/e - *ausverkauft*
équipe *f - Team*
équipé/e de - *ausgestattet mit*
équipement *m - Ausstattung*
équivalent/e - *ähnlich*
erreur *f - Fehler*
erroné/e - *fehlerhaft*
escompte *m - Skonto*
espèces *fpl - Bargeld*
essai *m - Probe, Versuch*
essor *m - Aufschwung*
estimation *f - Schätzung*
établir - *er-, ausstellen*
établir un partenariat - *eine Partnerschaft aufbauen*
étude *f* **de marché** - *Marktstudie, -analyse*
évaluer - *schätzen*
évènement *m - Ereignis*
examen *m - Prüfung*
exceptionnel/le - *außergewöhnlich*
exécuter - *ausführen*
exécution *f - Ausführung*
exempt de taxes - *steuerfrei, zollfrei*
exercer - *ausüben*
exercice *m - Geschäftsjahr*
exigeant/e - *anspruchsvoll*
exigé/e - erforderlich
exigence *f - Anspruch*
expansion *f - Ausweitung*
expédier - *versenden*
expéditeur *m - Absender*
expédition *f - Versand*
expertise *f - Gutachten*
expiration *f - (Frist) Ablauf*
exposer - *ausstellen*
par **exprès** - *Eilzustellung*
par colis **express** - *als Expressgut*

F

fabricant *m - Hersteller*
fabrication *f - Herstellung*
fabriquer - *herstellen*
facile à utiliser - *benutzerfreundlich*
facilité *f - Erleichterung*
faciliter - *erleichtern*
facturation *f - Berechnung, Rechnungsstellung*
facture *f - Rechnung*
facture *f* **pro-forma** - *Pro-forma-Rechnung*
facturer - *berechnen*
se **faire** - *erfolgen*
faute *f* **de frappe** - *Tippfehler*
être **favorisé/e par** - *begünstigt sein*
félicitations *fpl - Glückwünsche*
féliciter - *gratulieren*
ferme - *verbindlich*
fidèlement - *treu*
filiale *f - Zweigstelle, Tochtergesellschaft*
fixer - *festsetzen, -legen*
fluvial/e - *Fluss-, Binnenwasser-*
foire *f - Messe*
formation *f - Ausbildung*
forum *m* **de discussion** - *Newsgroup, Diskussionsforum*
fournir - *liefern, beliefern*
se **fournir** - *beziehen, sich eindecken*
fournisseur *m - Lieferant*
fourniture *f - Lieferung*
frais *mpl - Kosten*
franchise *f - Franchising*
franco - *frei*
franco domicile - *frei Haus*
franco d'emballage - *frei Verpackung*
franco de port - *frachtfrei*
fret *m - Fracht*
fret payé - *frachtfrei*
fructueux/-euse - *erfolgreich*
fusion *f - Fusion*

G

gamme *f - Auswahl; Serie*
gamme *f* **de produits** - *Produktpalette, Sortiment*
garantie *f - Garantie, Gewährleistung*
garantir - *garantieren, gewährleisten*
gérant/e *m/f - Geschäftsführer/in*
gestion *f - Geschäftsführung, Management*
gestion *f* **d'entreprise** - *Betriebswirtschaft*
gracieusement - *kostenlos*
à titre **gracieux** - *unentgeltlich*
gratuit/e - *kostenlos*
grève *f - Streik*
groupe *m - Gruppe, Konzern*

H

haut de gamme - *hochwertig*
hebdomadaire - *wöchentlich*
hésiter - *zögern*
honnêtement - *ehrlich gesagt*
honorer - *(Rechnung) bezahlen; (Bestellung) ausführen*
hors taxes - *steuerfrei*
hospitalité *f - Gastfreundschaft*
sous **huitaine** - *in / innerhalb einer Woche*

I

immédiat/e - *unverzüglich*
immédiatement - *sofort, unverzüglich*
impatience *f - Ungeduld*
impayé/e - *unbezahlt*
important/e - *deutlich (Preisnachlass)*
importation *f - Einfuhr, Import*
imprévu/e - *unvorhergesehen*
imprimante *f - Drucker*
imprimé *m - Drucksache*
imprimer - *drucken*
inadéquat/e - *ungeeignet*
incident *m - Vorfall*
inclus/e - *einschließlich*
incompétence *f - Inkompetenz*
inconvénient *m - Nachteil*
indication *f - Angabe*
indiquer (un prix) - *(einen Preis) angeben*
informer - *informieren, benachrichtigen*
ingrédient *m - Zutat*
insister sur - *bestehen auf*
installation *f - Installation; Anlage*

*avoir l'***intention de** - *planen, vorhaben*
interlocuteur/-trice *m/f* - *Gesprächspartner/-in*
intermédiaire - *Zwischen-*
intermédiaire *m* - *Mittelsmann, -person*
internaute *m/f* - *Internetsurfer/-in*
Internet *m* - *Internet*
être **interrompu/e** - *(am Telefon) unterbrochen werden*
intervenant *m* - *Redner, Referent*
investir - *investieren*
inviter - *einladen*
irrévocable - *unwiderruflich*

J

joindre - *beilegen; (telefonisch) erreichen*
se **joindre à** - *sich anschließen*
joint-venture *m* - *Joint Venture*
jubilé *m* - *Jubiläum*

K

kit *m* - *Gesamtpaket; Satz*

L

lancement *m* - *Einführung*
lancer - *auf den Markt bringen*
lettre *f* - *Brief; Buchstabe*
lettre *f* **de change** - *Wechsel*
lettre *f* **de crédit** - *Akkreditiv*
lettre *f* **de rappel** - *Zahlungserinnerung*
en **lettres capitales** - *in Blockschrift*
libeller - *(Scheck) ausstellen; (in Computer) eingeben*
lieu *m* - *Ort*
avoir **lieu** - *stattfinden*
ligne *f* - *Telefonleitung*
être en **ligne** - *am Telefon/am Apparat sein; online sein*
limité/e - *begrenzt*
liquidité *f* - *Liquidität, flüssige Mittel*
liste *f* **de prix** - *Preisliste*
litige *m* - *Rechtsstreit(igkeit)*
livrable - *lieferbar*
livraison *f* - *Lieferung*
livrer - *liefern*
livreur *m* - *Auslieferer*
location *f* - *Miete*
locaux *mpl* - *Geschäftsräume*
logiciel *m* - *Software*
logo *m* - *Firmenzeichen*
lors de - *während, bei*
lot *m* - *Teil; Posten*

M

magasin *m* - *Lager(raum)*
en **magasin** - *vorrätig*
mailing *m* - *Mailing, Infopost*
maintenance *f* - *Wartung*
maintenir - *aufrechterhalten*
mandant *m* - *Auftraggeber; Vollmachtgeber; Mandant*
mandat *m* **postal** - *Postanweisung*
maniement *m* - *Handhabung*
manquer - *fehlen*
marchandise *f* - *Ware*
marché *m* - *Markt*
maritime - *See-; seemäßig*
marketing *m* - *Vermarktung, Marketing*
mécontentement *m* - *Unzufriedenheit*
membre *m* - *Mitglied; Mitarbeiter/in*
mél *m* - *E-Mail*
mensuel/le - *monatlich*
mention *f* - *Vermerk*
mentionner - *erwähnen, angeben*
méprise *f* - *Versehen*
mercatique *f* - *Marketing*
message *m* - *Nachricht*
message *m* **électronique** - *E-Mail*
- SMS
mesure *f* - *Maßnahme*
être en **mesure de** - *in der Lage sein*
prendre des **mesures** - *Maßnahmen ergreifen*
mettre en demeure de - *auffordern zu*
mise *f* **en demeure** - *Zahlungsaufforderung*
mise *f* **en pages** - *Layout(en)*
à **mi-temps** - *halbtags*
mission *f* - *Aufgabe*
mobile *m* - *Handy*
modèle *m* - *Modell*
modification *f* - *Änderung*
modifier - *ändern*
moniteur *m (écran m)* - *Monitor*
montant *m* - *Betrag*
moyen *m* - *Mittel*
moyen/ne - *durchschnittlich*
moyennant - *mittels, durch*

N

navigateur *m - Browser*
naviguer - *(im Internet) surfen*
net/te - *netto*
au **nom de** - *auf den Namen; im Auftrag von*
nomination *f - Ernennung; Beförderung*
nommer - *nennen; befördern*
norme *f - Norm; Maßstab*
notamment - *insbesondere*
prendre **note de** - *beachten*
noter - *vormerken; notieren*
novateur/-trice - *innovativ*
numéro *m* **de compte** - *Kontonummer*
numéro *m* **d'ordre** - *Auftragsnummer*
numéro *m* **direct** - *Durchwahl*

O

objet *m - Betreff*
obligation *f - Verpflichtung*
obligé/e - *dankbar; verpflichtet*
obligeance *f - Gefälligkeit, Entgegenkommen*
obtenir - *erhalten*
occasion *f - Gelegenheit*
*à l'***occasion de** - *anlässlich*
occuper - *besetzen; beschäftigen*
offre *f - Angebot*
offre *f* **d'emploi** - *Stellenangebot*
offre *f* **ferme** - *verbindliches Angebot*
offre *f* **promotionnelle** - *Werbe-, Sonderangebot*
offrir - *anbieten, bieten*
omettre - *versäumen, vergessen*
omission *f - Versehen*
onéreux/-euse - *kostspielig*
opérateur *m - hier: Telefonist/in*
en **option** - *als Option, Sonder-; auf Wunsch*
ordinateur *m - Computer*
*à l'***ordre de** - *an*
par **ordre** - *im Auftrag, i.A.*
oubli *m - Versehen*
ouverture *f - Eröffnung*
ouvrir un compte - *ein Konto eröffnen*

P

page *f* **d'accueil** - *Homepage*
page *f* **Web** - *Webseite*
paiement *m - Zahlung*
paiement *m* **à la livraison** - *Zahlung gegen Nachnahme*
paiement *m* **anticipé** - *Vorauszahlung*
paiement *m* **comptant** - *Barzahlung*
paraître - *erscheinen*
parrainage *m - Sponsoring, Förderung*
faire **part de** - *mitteilen*
partenaire *m* **commercial** - *Handelspartner*
partenariat *m - Partnerschaft*
participer à - *teilnehmen an*
particulièrement - *besonders*
partie *f* **contractante** - *Vertragspartei*
à **partir du** - *ab dem (Datum)*
parvenir - *zugehen*
faire **parvenir** - *weiterleiten, zugehen lassen*
passer - *(Bestellung) erteilen, aufgeben*
passer qn - *(am Telefon) mit jdm verbinden*
patienter - *Geduld haben*
payable - *zahlbar, fällig*
pays *m* **en voie de développement** - *Entwicklungsland*
pension *f* **complète** - *Vollpension*
percevoir - *(Provision) erhalten*
performance *f - Leistung*
permettre - *erlauben*
personnel *m - Personal*
perspectives *fpl - Perspektiven, Chancen*
perte *f - Verlust*
perturbation *f - Störung*
perturber - *stören*
peser - *wiegen*
pièce *f - Stück*
pièce *f* **détachée** - *Ersatzteil*
pièce *f* **jointe** - *Anlage*
pièce *f* **justificative** - *Beleg*
se **plaindre** - *sich beschweren*
plaisir *m - Vergnügen*
planning *m - Zeitplan*
sous **pli séparé** - *mit getrennter Post*
sous ce **pli** - *anbei, als Anlage*
port *m - Hafen*
en **port dû** - *unfrei*
port *m* **payé assurance comprise** - *frachtfrei versichert*
portable - *tragbar*
portable *m - Handy, Mobiltelefon*

poser sa candidature - *sich bewerben*
poste *m* - *Stelle; (Telefon) Apparat*
poste *f* **restante** - *postlagernd*
potentiel/le - *potenziell*
pourcentage *m* - *Prozentsatz, prozentualer Anteil*
préalable - *vorherig*
préalablement - *vorher, zuvor*
préavis *m* - *vorherige Benachrichtigung, Vorankündigung; (Vertrag) Kündigungsfrist*
précédent/e - *vorhergehend*
préciser - *genau angeben*
préconiser - *empfehlen*
préjudice *m* - *Schaden*
prélèvement *m* - *Abbuchung*
présence *f* - *Anwesenheit*
présenter - *vorstellen; aufweisen*
présidence *f* - *Vorsitz*
président/e *m / f* - *Vorsitzende/r*
Président-directeur *m* **général (P.D.G.)** - *Generaldirektor; Vorstandsvorsitzende/r*
prestation *f* **de service** - *Serviceleistung*
prêt/e à l'envoi - *fertig zur Auslieferung*
prévoir - *vorsehen*
prix *m* **du catalogue** - *Listenpreis*
prix m total - *Gesamtpreis*
prix *m* **unitaire** - *Stückpreis*
probablement - *wahrscheinlich*
procéder (à) - *vornehmen*
prochain/e - *baldig, bevorstehend*
par **procuration** - *per Prokura, in Vertretung*
produit *m* - *Produkt*
produit *m* **analogue** - *Ersatzprodukt*
professionnel/le - *Berufs-; beruflich*
prometteur/-euse - *vielversprechend*
promotion *f* - *Beförderung; (Verkaufs-)Förderung*
promotionnel/le - *Werbe-, Sonder-*
promouvoir - *ernennen, befördern*
prompt/e - *umgehend*
proposer - *vorschlagen; anbieten*
proposition *f* - *Vorschlag; Angebot*
prospérité *f* - *Glück; Wohlstand*
publicité *f* - *Werbung*
pupitre *m* - *Rednerpult*
publipostage *m* - *Mailing*

Q

qualité *f* - *Qualität*
quant à - *betreffend*
quotidien/ne - *täglich*
quantité *f* - *Menge*

R

rabais *m* - *Rabatt*
raison *f* - *Grund*
en **raison de** - *wegen, aufgrund*
rapidité *f* - *Eile, Schnelligkeit*
rappel *m* - *Erinnerung, Mahnung; Rückruf*
rappeler - *erinnern, mahnen; zurückrufen*
rapport *m* - *Bericht*
récemment - *kürzlich*
récent/e - *kürzlich erfolgt; jüngste/r/s*
réception *f* - *Empfang, Erhalt, Eingang*
réceptionner - *in Empfang nehmen*
recevoir - *erhalten, bekommen*
rechercher - *suchen*
réclamation *f* - *Reklamation*
(en) **recommandé** *m* - *(per) Einschreiben*
reconnaissant/e - *dankbar*
recouvrement *m* - *(von Schulden) Einziehung*
recruter - *anwerben; einstellen*
rectification *f* - *Berichtigung*
rédiger - *verfassen*
réduction *f* - *Ermäßigung*
réduire - *ermäßigen*
référence *f* - *Bezugszeichen; Bestellnummer*
références *fpl* **bancaires** - *Bankverbindung*
en **référence à** - *bezüglich, mit Bezug auf*
se **référer à** - *sich beziehen auf*
règlement *m* - *Zahlung; Verordnung, Regelung*
régler - *(be)zahlen*
régler un problème - *ein Problem lösen*
regret *m* - *Bedauern*
regretter - *bedauern*
relance *f* - *Erinnerung*
relevé *m* **de compte** - *Kontoauszug*
rembourser - *zurückzahlen, -erstatten*
remercier - *bedanken*
remettre - *verlegen*
remise *f* - *Mengenrabatt; Übergabe*
remplacement *m* - *Ersatz*
remplacer - *ersetzen*
remplir - *ausfüllen*
rémunérer - *vergüten; entlohnen*
rencontre *f* - *Treffen*
rencontrer - *treffen*
rendez-vous *m* - *Verabredung, Termin*
prendre **rendez-vous** - *sich verabreden, einen Termin vereinbaren*
rendre visite à qn - *besuchen*
renouveler - *erneuern; verlängern*
renseignement *m* - *Auskunft*

renseigner - *Auskunft erteilen*
renvoyer - *zurücksenden*
répondeur *m* **automatique** - *Anrufbeantworter*
en **réponse à** - *in Beantwortung*
reporter à - *verschieben auf*
reprendre - *zurücknehmen; (Markt) sich erholen*
représentant/e *m/f* - *Vertreter/in*
représentation *f* - *Vertretung*
réputation *f* - *Ruf*
requis/e - *erforderlich*
réseau *f* **de distribution** - *Vertriebsnetz*
réservation *f* - *Reservierung*
sous **réserve de** - *vorbehaltlich*
réserver - *vormerken, reservieren*
résilier - *(Vertrag) kündigen*
respecter - *einhalten*
responsabilité *f* - *Verantwortung*
responsable - *verantwortlich; haftbar*
responsable *m/f* **des ventes** - *Verkaufsleiter/in*
retard *m* - *Verzögerung, Verzug*
retenir - *buchen; vormerken; berücksichtigen*
retenue *f* - *Abzug*
se **retirer** - *ausscheiden, zurücktreten*
par **retour du courrier** - *postwendend*
retourner - *zurücksenden*
réunion *f* - *Sitzung, Besprechung; Treffen*
revendication *f* - *Forderung*
de rigueur - *erforderlich*
ristourne *f* - *Rabatt*

S

salaire *m* - *Lohn, Gehalt*
salon *m* - *Messe*
satisfaction *f* - *Zufriedenheit*
satisfaire (à) - *zufrieden stellen; entsprechen, erfüllen*
scellé/e - *versiegelt*
au **sein de** - *(mitten) in*
séjour *m* - *Aufenthalt*
semblable - *ähnlich*
semestriel/le - *halbjährlich*
séparément - *getrennt*
service *m* - *Abteilung; Dienst, Service*
service *m* **clientèle/service client** - *Kundenservice*
service *m* **après-vente** - *Kundendienst*
service *m* **comptable** - *Rechnungsabteilung*
service *m* **du contentieux** - *Rechtsabteilung*
service *m* **des ventes** - *Verkaufsabteilung*
service *m* **en ligne** - *Online-Dienst*
siège *m* **social** - *Firmensitz*
signaler - *aufmerksam machen auf*
signer - *unterschreiben*
site Web *m* - *Website*
société *f* - *Gesellschaft, Firma*
société *f* **anonyme** - *Aktiengesellschaft*
soin *m* - *Sorgfalt*
solde *m* - *Restbetrag*
solder - *(Konto) ausgleichen*
solliciter un poste - *sich um eine Stelle bewerben*
souhaiter - *wünschen*
soumettre - *unterbreiten, vorlegen*
souscrire (un abonnement) - *(einen Abonnementvertrag) abschließen*
sponsoring *m* - *Sponsoring, Förderung*
stage *m* - *Praktikum*
stagiaire *m/f* - *Praktikant/in*
stand *m* - *(Messe-)Stand*
sténo-dactylo *f* - *Stenotypie; Stenotypistin*
stock *m* - *Vorrat, Lagerbestand*
succès *m* - *Erfolg*
succursale *f* - *Filiale, Zweigstelle*
suffisant/e - *ausreichend*
suggérer - *vorschlagen*
suite à - *bezüglich*
(comme) **suite à** - *Bezug nehmend auf*
par **suite de** - *aufgrund, wegen*
faire **suivre** - *nachsenden*
supérieur/e à - *höher als, über*
supplémentaire - *zusätzlich*
supporter - *(Kosten) tragen*
surfer sur Internet - *im Internet surfen*
survenir - *eintreten; erfolgen*

T

tarif *m* - *Tarif, Preis*
tarif *m* **courant** - *aktuelle Preisliste*
tarif *m* **préférentiel** - *Sonderpreis*
taux *m* **de change** - *Wechselkurs*
taxe *f* - *Steuer, Abgabe*
taxe *f* **sur la valeur ajoutée** - *Mehrwertsteuer*
hors **taxes** - *steuerfrei*
téléconférence *f* - *Telekonferenz*
télécopie *f* - *Telefax*
à **temps complet** - *vollzeitbeschäftigt; Vollzeit-*
en **temps voulu** - *zu gegebener Zeit*
tenir - *halten; führen*
tenir à - *für wichtig halten*
tenue *f* **de soirée** - *Abendkleidung*
tenue *f* **de ville** - *Gesellschaftskleidung*

terme *m - Frist; Ausdruck*
texto *m - SMS*
à **titre de** - *(in der Eigenschaft) als ...*
traite *f - Wechsel, Tratte*
traiter - *handeln; sich befassen mit; (Bestellung) bearbeiten*
transférer à - *verlegen nach*
transmettre - *übermitteln; übergeben*
transporteur *m - Frachtführer, Spediteur*
tribunal *m* **d'arbitrage** - *Schiedsgericht*
tribunal *m* **de droit commun** - *ordentliches Gericht*
trimestre *m - Quartal*
trimestriel/le - *vierteljährlich*

U

urgent/e - *dringend*
*d'***usage** - *üblich, herkömmlich*
usine *f - Werk*
utile - *nützlich*

V

vacant/e - *(Stelle) frei*
valable - *gültig*
validité *f - Gültigkeit*
vendeur/-euse *m / f - Verkäufer/in*
vendre - *verkaufen*
vente *f* **intermédiaire** - *Zwischenverkauf*
vente *f* **préalable** - *Zwischenverkauf*
vérification *f - Prüfung; Durchsicht*
vérifier - *nachprüfen*
versement *m - Zahlung*
verser - *(aus)zahlen*
vidéoconférence *f /* **visioconférence** *f - Videokonferenz*
en **vigueur** - *gültig, rechtskräftig*
vidéoprojecteur m - *Beamer*
virement *m* **bancaire** - *Banküberweisung*
virer - *überweisen*
vitrine *f* **en ligne** - *Online-Shop*
vœux *mpl - (Glück-)Wünsche*
voyage *m* **d'affaires** - *Geschäftsreise*

Wortliste Deutsch - Französisch

A

ab - *(Zeitpunkt) à compter de; (Datum) à partir du*
Abbestellung - *contrordre m*
Abbuchung - *prélèvement m*
Abendkleidung - *tenue f de soirée*
Abgabe - *taxe f*
abgelaufen *(Frist)* - *écoulé/e*
Ablauf *(einer Frist)* - *expiration f*
ablehnen - *refuser, décliner*
Absage - *contrordre m, annulation f*
absagen - *annuler*
abschließen *(Abonnementvertrag)* - *souscrire*
Absender - *expéditeur m*
Abteilung - *service m, département m*
abziehen - *déduire*
Abzug - *déduction f, retenue f*
Agentur - *agence f*
Akkreditiv - *crédit m documentaire*
Akku - *batterie f*
Akte - *dossier m*
Aktiengesellschaft - *société f anonyme*
Alleinvertreter - *concessionnaire m*
Alleinvertretervertrag - *contrat m de concession*
Alleinvertretung - *concession f*
in der Eigenschaft **als** - *à titre de*
anbei - *ci-joint, sous ce pli*
anbieten - *offrir, proposer*
ändern - *modifier*
Änderung - *modification f*
Anfrage - *demande f (d'offre(s), de renseignements)*
auf **Anfrage** - *sur demande*
anfragen - *demander*
Angabe - *indication f*
angeben - *indiquer, mentionner*
Angebot - *offre f, proposition f*
Angestellte/ r - *employé/e m / f*
ankündigen - *annoncer*
Ankündigung - *annonce f*
Ankunft - *arrivée f*
Anlage - *annexe f, pièce f jointe*
als **Anlage** - *ci-joint, sous ce pli*
anlässlich - *à l'occasion de*
Annahme - *acceptation f*
annehmen - *accepter*
annullieren - *annuler*
Annullierung - *annulation f*
Anruf - *appel m*
Anrufbeantworter - *répondeur m automatique*
anschließen - *connecter*
sich **anschließen** - *se joindre à*
sich **anschließen lassen** *(Internet)* - *se connecter à (Internet)*
Anschluss *(ans Internet)* - *connexion f Internet*
Anschrift - *adresse f*
Anspruch - *exigence f*
anstellen - *employer*
Anstieg - *accroissement m*
Anweisung - *directive f*
anwenden - *employer, utiliser*
anwerben - *recruter*
Anwesenheit - *présence f*
Anzahlung - *acompte m, arrhes fpl*
Anzeige - *annonce f*
anzeigen - *aviser*
Apparat *(Telefon)* - *poste m*
Ärger - *contrariété f*
Artikel - *article m*
aufbauen *(Partnerschaft)* - *établir*
Aufenthalt - *séjour m*
auffächern - *diversifier*
auffordern zu - *mettre en demeure de*
Aufgabe - *mission f*
aufgeben *(Bestellung)* - *passer*
aufgrund - *par suite de, en raison de*
aufmerksam machen auf - *signaler, attirer l'attention sur*
Aufmerksamkeit - *attention f*
aufrechterhalten - *maintenir*
Aufschwung - *essor m*
Auftrag - *commande*
im **Auftrag (i.A.)** - *par ordre, par autorisation*
im **Auftrag von** - *au nom de*
Auftraggeber - *commettant m, mandant m, client m*
Auftragsnummer - *numéro m d'ordre*
aufweisen - *comporter, présenter*
Ausbildung - *formation f*
ausdehnen - *élargir*
Ausdruck - *terme m*
ausführen - *effectuer, exécuter; (Bestellung) honorer*
ausführlich - *détaillé/e ; (Information) ample*
Ausführung - *exécution f*

ausfüllen - *remplir*
Ausgaben - *dépenses fpl*
ausgestattet mit - *équipé/e de*
ausgleichen *(Konto)* - *solder*
Auskunft - *renseignement m*
Auskunft erteilen - *renseigner*
Auskunftsgesuch - *demande f de renseignement(s)*
Auslieferer - *livreur m*
ausreichend - *suffisant/e*
ausscheiden - *se retirer*
Ausstattung - *équipement m*
ausstellen - *exposer, établir; (Scheck) libeller*
ausüben - *exercer*
ausverkauft - *épuisé/e*
Auswahl - *choix m, gamme f*
Ausweitung - *expansion f*
auszahlen - *verser*

B

baldig - *prochain/e*
Bank- - *bancaire*
Banküberweisung - *virement m bancaire*
Bankverbindung - *références fpl bancaires*
Bargeld - *espèces fpl*
Barzahlung - *paiement m comptant*
beabsichtigen - *envisager*
beachten - *prendre note de*
in **Beantwortung** - *en réponse à*
Beamer - *vidéoprojecteur m*
bearbeiten *(Bestellung)* - *traiter*
beauftragen mit - *charger de*
bedanken - *remercier*
Bedarf - *besoin m*
Bedauern - *regret m*
bedauern - *regretter*
Bedingung - *condition f*
sich **beeilen** - *s'empresser de*
sich **befassen mit** - *traiter*
befördern - *promouvoir, nommer*
Beförderung - *promotion f, nomination f*
befürchten - *craindre*
beglaubigt - *certifié/e (conforme)*
begleichen - *acquitter*
begrenzt - *limité/e*
begünstigt sein - *être favorisé/e par*
Begünstigte/r - *bénéficiaire m/f*
beilegen - *joindre*
Beileidswünsche - *condoléances fpl*
beinhalten - *contenir*
Beleg - *pièce f justificative*
belegt *(Hotel)* - *complet*
beliefern - *fournir*
benachrichtigen - *informer, aviser de*
benötigen - *avoir besoin de*
benutzerfreundlich - *facile à utiliser*
berechnen - *facturer*
Berechnung - *calcul m, facturation f*
Bericht - *rapport m*
Berichtigung - *rectification f*
beruflich - *professionnel/le*
Berufs- - *professionnel/le*
beschädigt - *abîmé/e, endommagé/e*
beschäftigen - *occuper*
Beschäftigung - *emploi m*
sich **beschweren** - *se plaindre*
besetzen - *occuper*
Besprechung - *réunion f*
bestätigen - *confirmer*
Bestätigung - *confirmation f*
bestehen auf - *insister sur*
bestellen - *commander*
Bestellnummer - *référence f*
Bestellschein - *bon m de commande*
Bestellung - *commande f*
Bestimmungsort - *destination f*
besuchen - *rendre visite*
Betrag - *montant m*
Betreff - *objet m*
betreffend - *concernant, quant à*
Betriebsleiter/in - *directeur/-trice m/f d'entreprise*
Betriebswirtschaft - *gestion f d'entreprise*
bevorstehend - *prochain/e*
sich **bewerben** - *poser sa candidature*
sich um eine Stelle **bewerben** - *solliciter un poste*
Bewerbung - *candidature f, demande f d'emploi*
bezahlen *(Rechnung)* - *régler, honorer, acquitter*
beziehen - *se fournir*
sich **beziehen auf** - *se référer à*
Bezug nehmend auf - *(comme) suite à*
mit **Bezug auf** - *en référence à*
bezüglich - *en référence à, à la suite de, suite à*
Bezugszeichen - *référence f*
Binnenwasser- - *fluvial/e*
bitten - *prier*
in **Blockschrift** - *en lettres capitales, en caractères d'imprimerie*
Brief - *lettre f, courrier m*
bringen - *apporter*

Browser - *navigateur m*
buchen - *réserver, retenir; enregistrer*
Buchhaltung - *comptabilité f*
buchstabieren - *épeler*
Business-Class - *classe f affaires*

C

Computer - *ordinateur m*
Chat - *bavardage m, causerie f*

D

dankbar - *reconnaissant/e, obligé/e*
Datum - *date f*
dauerhaft - *durable*
detailliert - *détaillé/e*
deutlich (Preisnachlass) - *important/e, substantiel/le, conséquent/e*
Dienst - *service m*
Diskussionsforum - *forum m de discussion*
Doppel - *double m*
dringend - *urgent/e*
drucken - *imprimer*
Drucker - *imprimante f*
Drucksache - *imprimé m*
durchführen - *effectuer; exécuter*
durchschnittlich - *moyen/ne*
Durchsicht - *vérification f*
Durchwahl - *numéro m direct*

E

ehrlich gesagt - *honnêtement*
in der **Eigenschaft als** - *à titre de*
Eile - *rapidité f*
Eilzustellung - *par exprès*
sich **eindecken** - *se fournir*
Einfuhr - *importation f*
Einführung - *lancement m*
Eingang - *réception f, arrivée f*
eingeben (Computer) - *libeller*
einhalten - *respecter*
einladen zu - *inviter à, convier à*
einräumen (Kredit) - *accorder*
einschließlich - *inclus/e*
(per) **Einschreiben** - *(en) recommandé m*
einsichtig - *compréhensif/-ve*
einstellen - *employer, recruter*
eintreten - *survenir*
Einzelhändler/in - *détaillant/e m/f*
Einzelheiten - *détails mpl*
Einzelzimmer - *chambre f individuelle*
Einziehung (von Schulden) - *recouvrement m*
E-Mail - *courrier m électronique, courriel m, e-mail m, mél m*
Empfang - *accueil m, réception f*
den **Empfang bestätigen** - *accuser réception de*
in **Empfang nehmen** - *réceptionner*
empfangen - *accueillir*
Empfangsbestätigung - *accusé m de réception*
empfehlen - *préconiser, recommander*
Entgegenkommen - *obligeance f*
enthalten - *comporter*
entlohnen - *rémunérer*
entrichten - *acquitter*
Entschädigung - *dédommagement m*
entsprechen - *correspondre (à), être conforme (à), satisfaire (à); (Bitte) consentir (à)*
entsprechend - *conformément à*
Entwicklungsland - *pays m en voie de développement*
Ereignis - *évènement m*
erfahren - *apprendre*
Erfolg - *succès m*
erfolgen - *s'effectuer, se faire; survenir*
erfolgreich - *fructueux/-euse*
erforderlich - *exigé/e, nécessaire, de rigueur*
erfüllen - *satisfaire (à)*
ergänzend - *complémentaire*
Erhalt - *réception f*
erhalten - *obtenir, recevoir; (Provision) percevoir*
erhöhen - *augmenter*
sich **erholen** (Markt) - *reprendre*
erinnern - *rappeler*
Erinnerung - *relance f, rappel m*
erlauben - *permettre*
erleichtern - *faciliter*
Erleichterung - *facilité f*
in **Ermangelung** - *à défaut de*
ermäßigen - *réduire*
Ermäßigung - *réduction f*
ernennen - *nommer, promouvoir*
Ernennung - *nomination f*
erneuern - *renouveler*
erobern - *conquérir*
ein Konto **eröffnen** - *ouvrir un compte*
Eröffnung - *ouverture f*
erreichen (telefonisch) - *joindre*

Ersatz - *remplacement m*
Ersatzprodukt - *produit m analogue*
Ersatzteil - *pièce f détachée*
erscheinen - *paraître*
ersetzen - *remplacer*
Erstbestellung - *commande f initiale*
erstellen - *établir*
erteilen *(Bestellung)* - *passer*
erwähnen - *mentionner*
erwarten - *attendre*
Erwartung - *attente f*
erwerben - *acquérir*
als **Expressgut** - *par colis express*

F

fällig - *payable, dû / due, échu/e*
Fälligkeit - *échéance f*
Faltprospekt - *dépliant m*
Familienbetrieb - *entreprise f familiale*
fehlen - *manquer*
Fehler - *erreur f*
fehlerhaft - *erroné/e*
fertig zur Auslieferung - *prêt/e à l'envoi*
festlegen - *fixer*
festsetzen - *fixer*
feststellen - *constater*
Filiale *(Zweigstelle)* - *succursale f*
Firma - *société f, entreprise f*
Firmenleiter/in - *directeur/-trice m/f / chef m d'entreprise*
Firmensitz - *siège m social*
Firmenzeichen - *logo m*
Fluss- - *fluvial/e*
Förderung - *promotion f; parrainage m, sponsoring m*
Forderung - *revendication f*
Fracht - *fret m*
frachtfrei - *franco de port, fret / port payé*
frachtfrei versichert - *port payé/e, assurance comprise*
Frachtführer - *transporteur m*
Franchising - *franchise f*
frei - *franco; (Stelle) vacant/e*
frei Haus - *franco domicile*
frei Verpackung - *franco d'emballage*
Frist - *délai m, terme m*
führen - *tenir*
Führung - *gestion f*
Fusion - *fusion f*

G

Garantie - *garantie f*
garantieren - *garantir*
Gastfreundschaft - *hospitalité f*
Gebühren - *droits mpl*
Geduld haben - *patienter*
Gefälligkeit - *obligeance f*
als **Gegenleistung** - *en échange*
Gehalt - *salaire m*
flüssige **Gelder** - *liquidité f*
Gelegenheit - *occasion f*
gemäß - *conformément à*
genau - *détaillé/e*
Generaldirektor - *Président-directeur m général (P.D.G.)*
ordentliches **Gericht** - *tribunal m de droit commun*
Gesamtpaket - *kit m*
Gesamtpreis - *prix m total*
Geschäfte - *affaires fpl*
Geschäfts- - *commercial/e*
Geschäftsführer/in - *gérant/e m / f*
Geschäftsführung - *gestion f (d'entreprise)*
Geschäftsjahr - *année f commerciale, exercice m*
Geschäftsräume - *locaux mpl*
Geschäftsreise - *voyage m d'affaires*
auf **Geschäftsreise sein** - *être en déplacement m*
geschuldet - *dû / due*
Gesellschaft - *société f*
Gesellschaftskleidung - *tenue f de ville*
Gespräch - *entretien m*
Gesprächspartner/in - *interlocuteur/ -trice m / f*
getrennt - *séparément*
gewähren - *accorder, consentir*
gewährleisten - *garantir*
Gewährleistung - *garantie f*
gezwungen - *contraint/e, obligé/e*
Glückwünsche - *félicitations fpl, vœux mpl*
gratulieren - *féliciter*
großzügig *(Preisnachlass)* - *important/e*
Grund - *raison f*
gültig - *valable; en vigueur*
Gültigkeit - *validité f*
günstig - *avantageux/-euse*
Gutachten - *expertise f*
Guthaben - *avoir m*
gutschreiben - *créditer*
Gutschrift - *avoir m*

H

Hafen - *port m*
haftbar - *responsable*
halbjährlich - *semestriel/le*
Halbpension - *demi-pension f*
halbtags - *à mi-temps*
halten - *tenir*
für wichtig **halten** - *tenir à*
handeln - *traiter*
Handels- - *commercial/e*
Handelskammer - *chambre f de commerce*
Handelspartner - *partenaire m commercial*
Handelsvertreter - *agent m commercial*
zu **Händen von** - *à l'attention de*
Handhabung - *maniement m*
Handy - *mobile m, (téléphone) portable m*
herkömmlich - *d'usage*
herstellen - *fabriquer*
Hersteller - *fabricant m*
Herstellung - *fabrication f*
hochwertig - *haut de gamme*
Homepage - *page f d'accueil*

I

Import - *importation f*
(mitten) **in** - *au sein de*
inbegriffen - *compris/e, inclus/e*
Infopost - *mailing m*
Informationsmaterial - *documentation f*
Inhalt - *contenu m*
Inkompetenz - *incompétence f*
innovativ - *novateur/-trice*
insbesondere - *notamment*
Installation - *installation f*
Internet - *Internet m*
im **Internet surfen** - *surfer sur Internet, naviguer*
Internetanbieter - *prestataire m d'accès*
Internetanschluss - *connexion f Internet*
Internetsurfer/in - *internaute m/f*
Internetverkauf - *commerce m électronique*
investieren - *investir*

J

Jahres- - *annuel/le*
jährlich - *annuel/le*
Joint Venture - *co-entreprise f, joint-venture m*
Joint-Venture-Vertrag - *contrat m de co-entreprise*
Jubiläum - *anniversaire m, jubilé m*
hundertjähriges **Jubiläum** - *centenaire m*
jüngste/r/s - *récent/e*

K

Kalkulation - *calcul m*
Käufer - *acheteur m*
Kasse - *caisse f*
kaufmännisch - *commercial/e*
Kaufvertrag - *contrat m de vente*
Kiste - *caisse f*
Klammeraffe *(@)* - *arobas m, arobase f*
Kompetenz - *compétence f*
Konferenz - *conférence f*
Kongress - *congrès m*
Konkurrenz - *concurrents mpl, concurrence f*
Konkurrenz- - *compétitif/-ve, concurrentiel/le*
konkurrenzfähig - *compétitif/-ve, concurrentiel/le*
Kontakt aufnehmen - *contacter*
Konto - *compte m*
Kontoauszug - *relevé m de compte*
Kontonummer - *numéro m de compte*
Konzern - *groupe m*
Kopie - *copie f, double m*
Kosten - *coût m, frais mpl, dépenses fpl*
kostenlos - *gratuit/e, gratuitement, gracieusement*
Kostenvoranschlag - *devis m*
kostspielig - *onéreux/-euse*
Kredit - *crédit m*
Kreditkarte - *carte f de crédit*
Kunde/-in - *client/e m/f*
Kundendienst - *service m après-vente*
Kundenkonto - *compte m client*
Kundenservice - *service m clientèle/client*
kündigen - *annuler, résilier*
Kündigungsfrist *(Vertrag)* - *préavis m*
Kundschaft - *clientèle f*
in **Kürze** - *sous peu*
kürzlich - *récemment*

L

Ladung - *chargement m*
in der **Lage sein** - *être en mesure de*
Lager - *entrepôt m, magasin m*
Lagerbestand - *stock m*
zu **Lasten von** - *à la charge de*

Lastwagen - *camion m*
berufliche **Laufbahn** - *carrière f*
im **Laufe von** - *dans le courant de*
Layout(en) - *mise f en pages*
Lebenslauf - *curriculum vitae m*
ledig - *célibataire*
leicht - *aisé/e*
Leinwand - *écran de projection m*
Leistung - *efficacité f, performance f*
Lieferant - *fournisseur m*
lieferbar - *livrable*
liefern - *livrer, fournir*
Lieferschein - *bon m de livraison*
Lieferung - *livraison f, fourniture f*
Liquidität - *liquidité f*
Listenpreis - *prix m du catalogue*
Lohn - *salaire m*
ein Problem **lösen** - *régler un problème*
(per) **Luftfracht** - *par avion*

M

mahnen - *rappeler*
Mahnschreiben - *lettre f de rappel*
Mahnung - *rappel m*
Mailbox - *boîte f vocale*
Mailing - *publipostage m, mailing m*
mangels - *à défaut de*
Marketing - *mercatique f, marketing m*
Markt - *marché m*
auf den **Markt bringen** - *lancer*
Marktanalyse, -studie - *étude f de marché*
Maßnahme - *mesure f*
Maßnahmen ergreifen - *prendre des mesures*
Maßstab - *norme f*
per **Mausklick bestellen** - *commander en un clic*
Mehrwertsteuer - *taxe f sur valeur ajoutée*
Menge - *quantité f*
Mengenrabatt - *remise f*
Messe - *foire f, salon m*
Miete - *location f*
Mitarbeiter/in - *employé/e m/f*
Mitglied - *membre m*
mitteilen - *faire part de*
Mittel - *moyen m*
mittels - *moyennant*
Mittelsmann, -person - *intermédiaire m*
Mobiltelefon - *portable m*
Modell - *modèle m*
monatlich - *mensuel/le*
dieses **Monats** *(Datum)* - *courant*
Monitor - *moniteur m (écran m)*
Multimediakonferenz - *conférence-multimédia f*
Muster - *échantillon m*

N

Nachfrage - *demande f*
nachprüfen - *vérifier*
Nachricht - *message m*
nachsenden - *faire suivre*
Nachteil - *inconvénient m*
auf den **Namen** - *au nom de*
nennen - *nommer*
netto - *net/te*
Newsgroup - *forum m de discussion*
Norm - *norme f*
notieren - *noter*
nützlich - *utile*

O

offline - *déconnecté/e, non connecté/e*
online - *en ligne*
Onlinedienst - *service m en ligne*
Onlineshop - *vitrine f en ligne*
Onlineshopping - *achat m en ligne*
ordnungsgemäß - *dûment*
Ort - *lieu m*

P

Partnerschaft - *partenariat m*
passen - *concorder*
Personal - *personnel m*
pflegen - *entretenir*
planen - *avoir l'intention de*
Post - *courrier m*
mit getrennter **Post** - *sous pli séparé*
mit gleicher **Post** - *sous ce pli*
Postanweisung - *mandat m postal*
Posten - *lot m*
postlagernd - *poste f restante*
Postleitzahl - *code m postal*
postwendend - *par retour du courrier*
potenziell - *potentiel/le*
Praktikant / in - *stagiaire m / f*
Praktikum - *stage m*
Preis - *prix m, tarif m, coût m*
Preisliste - *liste f de prix, tarif m*
preiswert - *économique*

Probe - *essai m, échantillon m*
Probeauftrag - *commande f d'essai*
Produkt - *produit m*
Produktpalette - *gamme f de produits*
profitieren von - *bénéficier de*
Pro-forma-Rechnung - *facture f pro-forma*
per **Prokura** - *par procuration*
Protokoll - *compte m rendu*
Provider - *fournisseur m d'accès, prestataire m d'accès*
Provision - *commission f*
Prozentsatz - *pourcentage m*
prozentualer Anteil - *pourcentage m*
Prüfung - *examen m; vérification f*

Q

Qualität - *qualité f*
Quartal - *trimestre m*

R

Rabatt - *rabais m, ristourne f*
raten - *conseiller*
rechnen (mit) - *compter (sur)*
Rechnung - *facture f*
auf **Rechnung von** - *pour le compte de*
Rechnungsabteilung - *service m comptable*
Rechnungsdatum - *date f de facturation*
Rechnungsstellung - *facturation f*
Recht - *droit m*
Rechtsabteilung - *service m du contentieux*
rechtskräftig - *en vigueur*
Rechtsstreit(igkeit) - *litige m*
Redner - *intervenant m*
Rednerpult - *pupitre m*
Regelung - *règlement m*
Reklamation - *réclamation f*
reservieren - *réserver*
Reservierung - *réservation f*
Restbetrag - *solde m*
Rückruf - *rappel m*
Rückschein - *avis m de réception*
Ruf - *réputation f*

S

sachkundig - *compétent/e*
Schachtel - *boîte f*
Schaden - *dommage m, préjudice m, avarie f*
schätzen - *évaluer*
Schätzung - *estimation f*
Scheck - *chèque m*
schicken - *envoyer (à), adresser (à)*
Schiedsgericht - *tribunal m d'arbitrage*
Schiff - *bateau m*
Schnelligkeit - *diligence f*
Schreiben - *courrier m, lettre f*
Schritte unternehmen - *faire des démarches fpl*
Schulden - *dettes fpl*
See- - *maritime*
seemäßig - *maritime*
senden - *envoyer (à), adresser (à)*
Sendung - *envoi m*
Serie - *série f, gamme f*
Service - *service m*
Serviceleistung - *prestation f de service*
Sitzung - *réunion f*
Skonto - *escompte m*
SMS - *texto m*
sofort - *immédiatement*
Software - *logiciel m*
Sonderangebot - *offre f promotionnelle*
Sonderpreis - *tarif m préférentiel*
sorgen für - *assurer*
Sorgfalt - *soin m*
Sortiment - *gamme f de produits*
Spediteur - *transporteur m*
Sponsoring - *parrainage m, sponsoring m*
Stammkunde/-in - *client/e m/f fidèle*
Stand *(Messe)* - *stand m*
stattfinden - *avoir lieu*
Stelle - *emploi m, poste m*
Stellenangebot - *offre f d'emploi*
Stenotypistin - *sténo-dactylo f*
Steuer - *impôt m, taxe f*
steuerfrei - *hors taxes, exempt de taxes*
stören - *perturber*
stornieren - *annuler*
Störung - *perturbation f; contretemps m*
Streik - *grève f*
Stück - *pièce f*
Stückpreis - *prix m unitaire*
suchen - *rechercher*
surfen *(Internet)* - *surfer (sur Internet), naviguer*

T

Tagung - *congrès m*
Tarif - *tarif m*
täglich - *quotidien/ne*
Tätigkeitsbereich - *domaine m d'intervention*
Team - *équipe f*
teilnehmen an - *assister à, participer à*
Telefax - *télécopie f*
am **Telefon sein** - *être à l'appareil / en ligne*
Telefonist/in - *opérateur m*

Tele(fon)-Konferenz - *téléconférence f*
Termin - *rendez-vous m*
einen **Termin vereinbaren** - *prendre rendez-vous*
Terminplan - *emploi m du temps*
Tippfehler - *faute f de frappe*
Touchscreen - *écran tactile m*
tragbar - *portable*
tragen *(Kosten)* - *supporter*
Tratte - *traite f*
Treffen - *rencontre f, réunion f*
treffen - *rencontrer*
treu - *fidèle*

U

übereinstimmen mit - *concorder, être conforme à*
Übereinstimmung - *accord m*
in **Übereinstimmung mit** - *en accord avec*
Übergabe - *remise f*
übergeben *(Angelegenheit)* - *confier*
übermitteln - *transmettre*

überschreiten - *dépasser*
überweisen - *virer*
üblich - *d'usage*
Umfrage - *enquête f*
umgehend - *prompt/e, dans les plus brefs délais*
Umsatz - *chiffre m d'affaires*
Unannehmlichkeiten - *désagréments mpl, contretemps m*
unbezahlt - *impayé/e*
unentgeltlich - *à titre gracieux*
Unfall - *accident m*
unfrei - *en port dû*
ungeeignet - *inadéquat/e*
Unregelmäßigkeit - *anomalie f*
unterbreiten - *soumettre*
unterbrochen werden *(am Telefon)* - *être coupé/e, être interrompu/e*
unterhalten - *entretenir*
Unterlagen - *documentation f, dossier m*
Unternehmen - *entreprise f*
unterschreiben - *signer*
unverbindlich - *sans engagement*
unverzüglich - *immédiat/e*
unvorhergesehen - *imprévu/e*
unwiderruflich - *irrévocable*
Unzufriedenheit - *mécontentement m*

V

sich **verabreden** - *prendre rendez-vous*
Verabredung - *rendez-vous m*
verantwortlich - *responsable*
Verantwortung - *responsabilité f*
Verantwortung übernehmen - *assumer des responsabilités*
Verärgerung - *contrariété f*
verbessern - *améliorer*
mit jdm **verbinden** *(am Telefon)* - *passer qn*
verbindlich - *ferme*
sich in **Verbindung setzen** - *contacter, prendre contact*
verbreiten - *diffuser*
verdorben - *altéré/e*
vereinbaren - *convenir (de)*
wie **vereinbart** - *comme convenu*
Vereinbarung - *accord m*
verfügbar - *disponible*
zur **Verfügung haben** - *disposer de*
vergangen *(Monat)* - *écoulé/e*
vergessen - *oublier, omettre*
vergüten - *rémunérer*
verkaufen - *vendre*
Verkäufer/in - *vendeur/-euse m/f*
Verkaufsabteilung - *service m des ventes*
Verkaufsbedingungen - *conditions fpl de vente*
Verkaufsförderung - *promotion f*
Verkaufsleiter/in - *responsable m/f des ventes* **Verladen** - *chargement m*
verlängern - *prolonger; (Vertrag) renouveler*
verlegen - *déplacer, transférer (à); (Termin) remettre*
Verlegenheit - *embarras m*
verloren gehen - *s'égarer*
Verlust - *perte f*
Vermarktung - *commercialisation f, marketing m*
Vermerk - *mention f*
vermerken - *annoter*
Verordnung - *règlement m*
verpacken - *emballer*

Verpackung - *emballage m*
sich **verpflichten** - *s'engager (à)*
verpflichtet - *obligé/e*
Verpflichtung - *engagement m, obligation f*
Versand - *expédition f*
versäumen - *omettre*
verschieben - *ajourner, déplacer, reporter (à)*
Versehen - *omission f, oubli m*
versenden - *expédier*
Versicherer - *assureur m*
versichern - *assurer*
Versicherte/r - *assuré/e m / f*
Versicherung - *assurance f*
Versicherungsgesellschaft - *compagnie f d'assurance*
versiegelt - *scellé/e*
verständlich - *compréhensible*
Verständnis - *compréhension f*
Versuch - *essai m*
vertiefen - *approfondir*
Vertrag - *contrat m, accord m*
Vertragspartei - *partie f contractante*
Vertrauen schenken - *accorder confiance (à)*
vertraulich - *confidentiel/le*
vertreiben - *diffuser*
Vertreter/in - *représentant/e m / f*
Vertretervertrag - *contrat m de représentation (commerciale)*
Vertretung - *représentation f*
in **Vertretung** - *par procuration*
Vertrieb - *distribution f, commercialisation f*
Vertriebsnetz - *réseau m de distribution*
verfassen - *rédiger*
Verwaltung - *administration f*
Verzögerung - *retard m*
Verzug - *retard m*
Videokonferenz - *vidéoconférence f, visioconférence f*
vielversprechend - *prometteur/-euse*
vierteljährlich - *trimestriel/le*
Vollpension - *pension f complète*
Vollzeit- - *à temps complet*
Vorankündigung - *préavis m*
Voranschlag - *devis m*
Voraus- - *anticipé/e*
im **Voraus** - *à l'avance, d'avance, par avance*
Vorauszahlung - *paiement m anticipé*
vorbehaltlich - *sous réserve de*
Vorfall - *incident m*
Vorführung - *démonstration f*
in der **vorgesehenen Zeit** - *dans les temps prévus, convenus*
vorhaben - *envisager, avoir l'intention de*
vorher - *préalablement*
vorhergehend - *précédent/e*
vorherig - *préalable*
vorherige Benachrichtigung - *préavis m*
Vorkehrungen treffen - *prendre des dispositions*
vorlegen - *soumettre*
vormerken - *enregistrer; noter; réserver, retenir*
vornehmen - *procéder à*
Vorrat - *stock m*
vorrätig - *disponible, en magasin*
Vorschlag - *proposition f*
vorschlagen - *proposer, suggérer*
vorsehen - *prévoir*
Vorsitz - *présidence f*
Vorsitzende/r - *président/e m / f*
Vorstandsvorsitzende/r - *Président-directeur m général (P.D.G.)*
vorstellen - *présenter*
Vorteil ziehen aus - *bénéficier de*
vorteilhaft - *avantageux/-euse*
Vortrag - *conférence f*

W

Wahl - *choix m*
während - *lors de*
wahrscheinlich - *probablement*
Ware - *marchandise f*
Warenprobe - *échantillon m*
warten - *attendre*
Wartung - *maintenance f*
Webseite - *page f Web*
Website - *site m Web*
Wechsel - *lettre f de change, traite f*
Wechselkurs - *taux m de change*
wegen - *à cause de, en raison de, par suite de*
weiterleiten - *faire parvenir*
etwas weiterverfolgen - *donner suite à*
Werbe- - *promotionnel/le*
Werbekampagne - *campagne f publicitaire*
Werbung - *publicité f*
Werk - *usine f*
ab **Werk** - *départ usine*
wettbewerbsfähig - *compétitif/-ve, concurrentiel/le*
wiegen - *peser*
wirtschaftlich - *économique*

in/innerhalb einer **Woche** - *sous huitaine*
wöchentlich - *hebdomadaire*
Wohlstand - *prospérité f*
auf **Wunsch** - *en option*
wünschen - *souhaiter*

Z

zahlbar - *payable*
zahlen - *payer, verser, régler*
zählen (zu) - *compter (parmi)*
Zahlung - *paiement m, règlement m, versement m*
Zahlung gegen Nachnahme - *paiement m à la livraison*
Zahlungsanzeige - *avis m de paiement*
Zahlungsaufforderung - *mise f en demeure*
Zahlungsbedingungen - *conditions fpl de paiement*
Zahlungserinnerung - *lettre f de rappel*
Zahlungsziel - *échéance f*
in der vorgesehenen **Zeit** - *dans les temps mpl convenus*
zu gegebener **Zeit** - *en temps voulu*
Zeitplan - *planning m*
Zimmer mit Halbpension - *chambre f en demi-pension*
zögern - *hésiter*
Zoll(behörde) - *douane f*
Zoll- - *douanier/-ière*
zollfrei - *exempt de taxes*
Zubehör - *accessoire m*
Zufriedenheit - *satisfaction f*
zufrieden stellen - *satisfaire (à)*
Sorgen zufügen - *causer des soucis*
Zugang - *accès m*
zugehen (lassen) - *(faire) parvenir*
Zunahme - *accroissement m*
zunehmen - *augmenter*
zurückerstatten - *rembourser*
zurücknehmen - *reprendre*
zurückrufen - *rappeler*
zurücksenden - *renvoyer, retourner*
zurücktreten - *se retirer*
zurückzahlen - *rembourser*
zurückzuführen sein auf - *être dû/due à*
Zusage - *engagement m*
Zusammenarbeit - *collaboration f*
sich **zusammenschließen** - *s'associer*
zusätzlich - *supplémentaire*
Zusendung - *envoi m*
zusichern - *assurer*
zuständig - *compétent/e*
Zuständigkeit - *compétence f*
Zustimmung - *agrément m*
zuvor - *préalablement*
Zweigstelle *(Tochtergesellschaft)* - *filiale f*
zweimal im Monat - *bimensuel/le*
Zwischenverkauf - *vente f intermédiaire, vente f préalable*

Stichwortverzeichnis

A

B

Kleiner Spickzettel für Telefongespräche

Sie möchten jemanden anrufen

Name und Firma nennen
Oui bonjour, ici France Dumont de la Société...

Sich entschuldigen
Je m'excuse de vous déranger (si tard).
Excusez-moi, je me suis trompé/e de numéro.

Den gewünschten Gesprächspartner verlangen
Je voudrais parler à M. / Mme ..., s'il vous plaît.
J'aimerais parler à quelqu'un du Marketing / du service du personnel / de la comptabilité / du service à la clientèle.

Den Grund des Anrufs nennen
C'est à propos de...

Zuständigkeiten erfragen
Pourriez-vous me passer quelqu'un qui peut me renseigner à propos de...

Um Hilfe bitten
Pourriez-vous peut-être m'aider ?

Um einen Termin bitten
Je voudrais bien avoir un rendez-vous avec M. / Mme ... (C'est très urgent.)

Erreichbarkeit erfragen
Quand puis-je le / la rappeler ?

Eine Nachricht hinterlassen
Pourriez-vous demander à M. / Mme ... de me rappeler ?

Später nochmals anrufen
Je rappellerai plus tard.

Verständnis sichern
Pardon ? Je n'ai pas bien compris. Pourriez-vous répéter, s'il vous plaît ?

Zum Ende kommen
Je vous remercie beaucoup.
Merci beaucoup de m'avoir aidé.

Sich verabschieden
Au revoir.

Sie werden angerufen

Sich melden
Société..., bonjour ! Jean Dupont à l'appareil.

Rückfragen stellen
C'est à quel sujet, s'il vous plaît ?

Nach dem Namen fragen
Qui est à l'appareil, s'il vous plaît ?

Den Anrufer weiterverbinden
Ne quittez pas, je vous passe M. / Mme ...

Die gewünschte Nummer ist besetzt
Allô ? Je suis désolé/e, M. / Mme ... est en communication sur une autre ligne.

Der gewünschte Gesprächspartner ist nicht erreichbar
Je suis désolé/e, M. / Mme ... est en réunion / est absent/e / sera de retour au bureau à ... heures.

Der gewünschte Gesprächspartner hat keine Zeit
M. / Mme ... est occupé/e en ce moment.
Pourriez-vous rappeler plus tard ?

Hilfe anbieten
Puis-je vous aider ?

Eine Nachricht aufnehmen
Voulez-vous laisser un message ?

Wieder anrufen lassen
Pourriez-vous rappeler demain / plus tard / à ... heures ?
Je peux vous donner le numéro direct de M. / Mme ... C'est le ...

Einen Rückruf anbieten
Est-ce que M. / Mme ... pourrait vous rappeler ?
Quel est le meilleur moyen de vous contacter ?
Est-ce que M. / Mme ... a votre numéro de téléphone ?

Einen Termin anbieten
Est-ce que vendredi à 15 heures 30 vous irait ?

Das Gespräch beenden
Merci d'avoir appelé. Au revoir.